Leser, 03.06. 14   12,85€

W0099046

Ludwig IV. – der Bayer

Stadtbücherei
Seter Platz (Englgarten)
86633 Neuburg a. d. Donau

ausgeschieden

herausgegeben von
Thomas Götz

kleine bayerische biografien

MARTIN CLAUSS

Ludwig IV. – der Bayer

Herzog, König, Kaiser

Verlag Friedrich Pustet
Regensburg

◆◆◆

kleine bayerische biografien

Biografien machen Vergangenheit lebendig: Keine andere literarische Gattung verbindet so anschaulich den Menschen mit seiner Zeit, das Besondere mit dem Allgemeinen, das Bedingte mit dem Bedingenden. So ist Lesen Lernen und Vergnügen zugleich.

Dafür sind gut 100 Seiten genug – also ein Wochenende, eine längere Bahnfahrt, zwei Nachmittage im Café. Wobei *klein* nicht leichtgewichtig heißt: Die Autoren sind Fachleute, die wissenschaftlich Fundiertes auch für den verständlich machen, der zwar allgemein interessiert, aber nicht speziell vorgebildet ist.

Bayern ist von nahezu einzigartiger Vielfalt: Seinen großen Geschichtslandschaften Altbayern, Franken und Schwaben eignen unverwechselbares Profil und historische Tiefenschärfe. Sie prägten ihre Menschen – und wurden geprägt durch die Männer und Frauen, um die es hier geht: Herrscher und Gelehrte, Politiker und Künstler, Geistliche und Unternehmer – und andere mehr.

Das wollen die KLEINEN BAYERISCHEN BIOGRAFIEN: Bekannte Personen neu beleuchten, die unbekannten (wieder) entdecken – und alle zur Diskussion um eine zeitgemäße regionale Identität im Jahrhundert fortschreitender Globalisierung stellen. Eine Aufgabe mit Zukunft.

Dr. Thomas Götz, Herausgeber der Buchreihe, geboren 1965, studierte Geschichte, Germanistik und Philosophie. Er lehrt Neuere und Neueste Geschichte an der Universität Regensburg und legte mehrere Veröffentlichungen, vor allem zu Stadt und Bürgertum in Bayern und Tirol im 18., 19. und 20. Jahrhundert, vor. Darüber hinaus arbeitet er im Museums- und Ausstellungsbereich.

Inhalt

1 Ludwig wer? Eine Einführung **7**
Chancen und Grenzen historischer Biografien

2 Ludwig der Mensch **12**
Ludwig als Vater und Ehemann / Schwarze oder rote
Haare? – Ludwigs Aussehen / »Der große Adler« –
Ludwigs Charakter

3 Jüngster Sohn, Pfalzgraf und Herzog
(bis 1314) **19**
Die Wittelsbacher / Der Vater: Ludwig II. – der Königsmacher / Das Geburtsjahr Ludwigs IV. / Jugend und
Erziehung / Königswahlen und bayerische Politik /
Bruderstreit / Die erste Ehefrau: Beatrix von Schweidnitz / Die Schlacht von Gammelsdorf

4 Von der Doppelwahl zum Doppelkönigtum
(1314–1325) **37**
Die Wahl von 1314 / *Die Stimmverteilung der Kurfürsten* /
Der Weg zur Doppelwahl / Warum König werden? /
Krönungen / Thronstreit / Die Schlacht von Mühldorf /
Nach dem Sieg: das Doppelkönigtum / *Herrscheralltag –
Wie regierte Ludwig IV.?*

5 Der Konflikt mit der Kurie (1323–1330) **52**
Ursachen des Streites / *Interdikt* / Anklagen und
Appellationen / *Der Armutsstreit* / »Ludwig der Bayer« –
Öffentlichkeit und Propaganda / Ludwig bringt das
Reich hinter sich / *Ludwig und die Intellektuellen* / Romzug
und Kaiserkrönung / Die Kaiserkrönung / Reaktionen
auf die Kaiserkrönung

6 Ludwig der Kaiser: Europa und das Reich
(1330–1338) **69**

Die Könige von Frankreich / König Eduard III. von
England – Reichsvikar / *Der Hundertjährige Krieg* /
1338: Das Reich geeint gegen den Papst / *Gläubiger
Ludwig?* / Von Rhense nach Koblenz / Der Hoftag zu
Koblenz: Höhepunkt kaiserlicher Macht / Balduin
von Trier

7 König, Kaiser und Landesherr (1329–1346) **83**

Familienangelegenheiten: Der Hausvertrag von Pavia /
Ludwig und Niederbayern / *Ludwig und die Städte* /Ober-
bayerisches Landrecht – innere Konsolidierung der
Landesherrschaft / Die Mark Brandenburg wird wittels-
bachisch / *Ludwig und die Juden* / Die zweite Ehefrau:
Margarete von Holland-Hennegau / Kabale und Liebe –
Tirol wird wittelsbachisch / *Ludwig und die Kunst*

8 Verdammung, Gegenkönig, Tod (1341–1347) **105**

Neue Bündnisse: Wankelmut oder Pragmatismus? /
Ludwig und Clemens VI. / *Ludwig und die Kirchenpolitik* /
Kurfürsten und Papsttum: Karl IV. wird zum
Gegenkönig / Gegenkönigtum ohne Thronstreit /
Ludwigs Ende

9 Ludwig – ein erfolgreicher Herrscher? **117**

Ludwig im Vergleich / Zwischen Innovation und
Tradition / *Kloster Ettal*

10 Zum Nachleben Ludwigs **125**

Die Wittelsbacher erinnern an ihren Kaiser: das
Grabmal / Kaiser Ludwig der Bayer in den Deutungen
des 19. Jahrhunderts / *Deutsche Treue*

Anhang **133**

Quellen und Literatur / Dank / Anmerkungen /
Bildnachweis

1 Ludwig wer? Eine Einführung

Im April 1782 besuchte Papst Pius VI. die Frauenkirche in München und feierte dort eine Messe. Gerard Führer, der Abt des Klosters Fürstenfeld, berichtet hierzu, dass der Papst trotz entsprechender Hinweise dem aufwändig gestalteten Grabmal Kaiser Ludwigs IV., des Bayern, keinerlei Aufmerksamkeit geschenkt habe.

Im Dezember 1973 – also 660 Jahre nach der Schlacht von Gammelsdorf – wurde in der Gemeinde Gammelsdorf (Landkreis Freising) der Schützenverein »Ludwig der Bayer« wiederbegründet.

Die Gestalt Ludwigs IV. – des Bayern polarisiert also: Der eine möchte sein Grab nicht einmal ansehen, die anderen stellen sich bewusst in seine Tradition. Beide Verhaltensweisen haben mit der historischen Person, aber auch mit dem jeweiligen Verständnis von Geschichte zu tun. Papst Pius wollte das Grabmal eines exkommunizierten Ketzers nicht zur Kenntnis nehmen; dessen Aufstellung in einer katholischen Kirche ist ungewöhnlich und nach katholischem Kirchenrecht eigentlich untragbar. Die Schützen suchten hingegen die Nähe zum Sieger von Gammelsdorf, mit dem sie der Ort der Schlacht und das Bayerische verbindet. Ludwig ist beides: verdammter Ketzer und verehrter Bayer.

Klärungsbedarf besteht schon allein beim Namen oder der Bezeichnung: Die einen kennen ihn als ›Ludwig den Bayern‹ – in der Zählung der römisch-deutschen Könige und der bayerischen Herzöge ist er ›Ludwig IV.‹. In zwei Urkunden – einer in lateinischer, einer in deutscher Sprache – aus dem Jahr 1333 führt er selbst folgende Titel, die sich inhaltlich entsprechen: *Ludowicus dei gratia Romanorum imperator semper augustus* und *Wür Ludwig von gottes genaden Roemischer kaiser, zu allen zeitten mehrer deß reichs.*[1] Der Chronist Mathias von Neuenburg, ein Zeitgenosse Ludwigs, nennt ihn einmal: *De Ludowico Bawaro Romanorum imperatore*, also: »Über Ludwig den Bayern, den römischen Kaiser«.[2]

Die unterschiedlichen Bezeichnungen sind Ausdruck einer konfliktreichen Herrschaft und der modernen Rezeption dieses Wittelsbachers. *Bawarus* – das war im 14. Jahrhundert zunächst als Schimpfname gemeint. Dabei ging es nicht um ein Völkerstereotyp, das die Bayern als Gruppe abwerten sollte. Entscheidend war vielmehr, dass Ludwig mit dieser Bezeichnung seiner Titel und Würden entkleidet wurde: Er war nicht mehr Kaiser, König und Herzog, sondern lediglich ›der Bayer‹. Somit kombiniert der Chronist Mathias von Neuenburg – und mit ihm etliche moderne Historiker – zwei eigentlich gegensätzliche Namensbestandteile, wenn er Ludwig als ›Bawarus‹ und Kaiser bezeichnet.

Wenn nun die Gammelsdorfer Ludwig als ›den Bayern‹ bezeichnen, zeigt dies freilich nicht, dass die Gegner Ludwigs triumphiert hätten. Die Konnotation hat ihren Charakter geändert und sich ins Gegenteil verkehrt: Heute wird dieser Beiname nicht mehr abwertend, sondern als positiver Hinweis auf eine Gruppenzugehörigkeit gedeutet – es steht der landsmannschaftliche Zusammenhalt im Vordergrund. Ludwig ist nun Teil einer als bayerisch verstandenen Geschichte und Tradition, auf die man stolz ist.

Im Zentrum dieser Biografie steht also eine historische Person, der man sich unter verschiedenen Blickwinkeln nähern kann und deren Leben von zahlreichen Konflikten geprägt war. Vor diesem Hintergrund kann es nicht darum gehen, Partei zu ergreifen, sondern historische und moderne Wertungen zu kontextualisieren. Die neutrale Bezeichnung, die daher im Folgenden Verwendung findet, ist Ludwig IV.; ›der Bayer‹ soll unser Protagonist nur im entsprechenden historischen Kontext des 14. Jahrhunderts und bezüglich der bayerischen Memoria im 19. Jahrhundert genannt werden.

Auf etliche Fragen zu Ludwigs Leben können wir heute keine befriedigende Antwort geben, weil uns die entsprechenden Quellen fehlen. Jede geschichtswissenschaftliche Darstellung ist auf die Informationen angewiesen, die wir den Chroniken, Briefen, Urkunden, Traktaten, Gesetzen und Bildern der Zeit entnehmen können. Was nicht in den Quellen steht, können wir in gewissem Umfang erschließen; vieles bleibt aber unzugänglich. Dies betrifft auch Bereiche, die für ein modernes

Grabmal Ludwigs IV. in der Münchener Frauenkirche – 1622 im Auftrag Kurfürst Maximilians I. gestaltet

Verständnis von Biografie entscheidend sind, wie etwa das Innenleben Ludwigs. Wir haben keine Tagebücher, persönlichen Briefe oder eine Autobiografie, die uns unmittelbar Einblick in die Beweggründe unseres Protagonisten gewähren würden. Wir müssen in der Regel von der Handlung oder der öffentlichen Verlautbarung auf die Intention rückschließen. Dem sind freilich methodische Grenzen gesetzt. Der biografische Zugang verleitet zwar leicht dazu, die beschriebene Person mit einem Menschen unserer Zeit gleichzusetzen – hier muss man sich aber der Gefahr bewusst sein, die in der Annahme anthropologischer Konstanten liegt. Wir dürfen nicht unhinterfragt davon ausgehen, dass die Menschen des 14. Jahrhunderts in uns vertrauten Kategorien gelebt haben. Statt uns in Ludwig hineinversetzen zu wollen, müssen wir uns vielmehr der Zeitgebundenheit diverser Kategorien bewusst werden. Dies betrifft den menschlichen Bereich – Emotion, Charakter, Gläubigkeit – ebenso wie den politischen. So können wir etwa die Ehen Ludwigs nicht mit unseren Maßstäben von glücklicher Ehe und Privatheit messen, sondern müssen ihre Darstellung in den zeitgenössischen Quellen als Reflex auf ein politisch-dynastisches Verständnis begreifen.

Wie bei etlichen geschichtswissenschaftlichen Darstellungen ist Vieles vom Folgenden das Ergebnis eines Abwägungsprozesses und eher Meinung als Faktum. Dies gilt vor allem für Urteile und Interpretationen. Dieses Buch zeigt *meinen* Ludwig, weniger *den* Ludwig. Dabei werde ich der Quellenlage und den methodischen Schwierigkeiten auch dadurch Rechnung tragen, dass ich die eigene Sprachlosigkeit zulasse und Lücken in der geschichtswissenschaftlichen Konstruktion der Vergangenheit sichtbar mache. Das lässt Ludwig sicherlich weniger heroisch und sein Bild vielleicht auch weniger plastisch erscheinen; es regt aber hoffentlich zum Nachdenken über Ludwig und unser Geschichtsverständnis an.

Chancen und Grenzen historischer Biografien

Das Genre der historischen Biografie erfreut sich großer Beliebtheit, nicht zuletzt, weil man sich an der Seite einer historischen Person leichter in die Zeitumstände einfühlen kann. Mitunter meint man sogar, die Vergangenheit mit den Augen des Protagonisten zu sehen; man findet sich gewissermaßen wieder in einem Menschen, der Pläne schmiedet, Ängste aussteht und Erfolge feiert. Dieses Verständnis von Geschichte ist aber nicht unproblematisch, und das Genre ›Biografie‹ steckt für den Historiker voller Tücken. Diese gilt es am Anfang dieses Buches zu benennen, weil sich dessen Darstellung auch als Reaktion auf diese Probleme versteht.

Dem Genre liegen oftmals unhinterfragt einige Annahmen zu Grunde. Hierzu gehört die Vorstellung von einer persönlichen Entwicklung jedes Menschen, die in der Kindheit grundgelegt wird. Jugend und Erziehung lassen in dieser Lesart erahnen, wie der Erwachsene sich verhalten wird, und dienen als Erklärung. Oftmals greift hier das der Natur entlehnte Muster von Wachstum, Blüte und Verfall. Hinzu tritt ebenso häufig – und das erscheint zunächst paradox – die Vorstellung vom im Grundsatz unveränderlichen Charakter eines Menschen. Zumindest für den Erwachsenen wird die persönliche Disposition als ausschlaggebend für Entscheidungen und Verhalten angesehen. Ein Herrscher ist wankelmütig und ängstlich – und daher sein politisches Handeln sprunghaft und vorsichtig. Hierbei ist kaum Raum für Veränderung mitgedacht, und es besteht immer die Gefahr eines Zirkelschlusses: Schließen wir vom Charakter auf den Politikstil oder umgekehrt?

Der französische Soziologe Pierre Bourdieu hat in diesem Kontext von der »biografischen Illusion« gesprochen. Damit ist ein Phänomen benannt, das wir alle aus unserem Alltag kennen: Wenn wir unser Leben – etwa im Rahmen einer Bewerbung – präsentieren sollen, streben wir danach, einen im Sinne der Anforderungen stimmigen Lebenslauf vorzulegen: Zufälligen Entwicklungen wird bewusste Planung unterlegt, Lücken werden gefüllt oder verschleiert, und aus einer Vorher-Nachher-Abfolge wird eine kausale Entwicklung gemacht.

So wie der Lebenslauf aus einem Leben eine Karriere formt, steht die historische Biografie in der Gefahr, die Informationen über ihren Protagonisten zu einer abgeschliffenen, zwangsläufigen Entwicklung zu formen.

Zuweilen wird der Protagonist der Biografie obendrein zum idealisierten Helden, weil durch die Dauer der wissenschaftlichen Beschäftigung oder eine außerwissenschaftliche Komponente Nähe zwischen Autor und Objekt entsteht. Gerade bei ›unserem‹ Ludwig kann man eine bayerische von einer nicht-bayerischen Geschichtsschreibung unterscheiden. Erstere zeichnet sich oft durch große Nähe und Bewunderung für den Wittelsbacher, Letztere durch Desinteresse und große Kritikfreudigkeit aus. Auch der Schwerpunkt der Darstellungen kann variieren: Mal interessiert vor allem das Herzogtum Bayern, mal wird dieses kaum thematisiert. Jede historische Biografie bewegt sich also zwischen Perspektivität, Konstruktion und Illusion.

2 Ludwig der Mensch

Ein Biograf versucht in der Regel, Aussehen und Charakter seines Protagonisten so darzustellen, dass seine Persönlichkeit für die Leserschaft greifbar wird.

Dieses Anliegen gestaltet sich in unserem Falle schwierig: Weder Aussehen noch Charakter Ludwigs IV. sind zweifelsfrei zu ermitteln. Das liegt nicht nur an den Schwierigkeiten, die man bezüglich einer Charakterstudie bei jedem, auch einem modernen Menschen hat. Was macht den Charakter eines Menschen aus? Was ist Erziehung, was Veranlagung, wo greifen wir den Mensch, wo den Zeitgeist?

Für Ludwig treten Quellenprobleme sowie die Tatsache hinzu, dass seine Herrschaft von einem gravierenden Konflikt gekennzeichnet war, der jede seiner Handlungen überschattete: dem Kampf mit dem Papst um die Rechtmäßigkeit seines Königtums. Dieser führte nicht nur zu Ludwigs Exkommunikation, sondern auch dazu, dass letztlich alle Nachrichten, die uns zu Ludwig von Zeitgenossen vorliegen, Partei ergreifen. Sie loben den Herrscher und betonen seine Größe und Bedeutung – oder verdammen ihn als Ketzer und verweisen auf seine Defizite. Eine Trennung zwischen Person und Funktion nehmen die meisten Quellen dabei nicht vor; die Amtsführung wird immer auch als Charakterfrage verstanden, und dies hat erhebliche Auswirkungen auf unsere Informationen zum Menschen Ludwig.

Ludwig als Vater und Ehemann

Ludwig IV. war nicht nur Herzog, König und Kaiser, sondern auch Ehemann und Vater. In den Quellen treten uns seine Frauen und Kinder allerdings ausschließlich als Teil des politisch-öffentlichen Lebens des Herrschers entgegen. Wir wissen letztlich nichts über das, was wir heute das Privatleben Ludwigs nennen würden. Liebte er seine Frauen und seine Kinder? Machte er sich darüber jemals Gedanken? Ludwig hatte mit zwei Ehefrauen insgesamt 16 Kinder, von denen ihn zwölf überlebten.

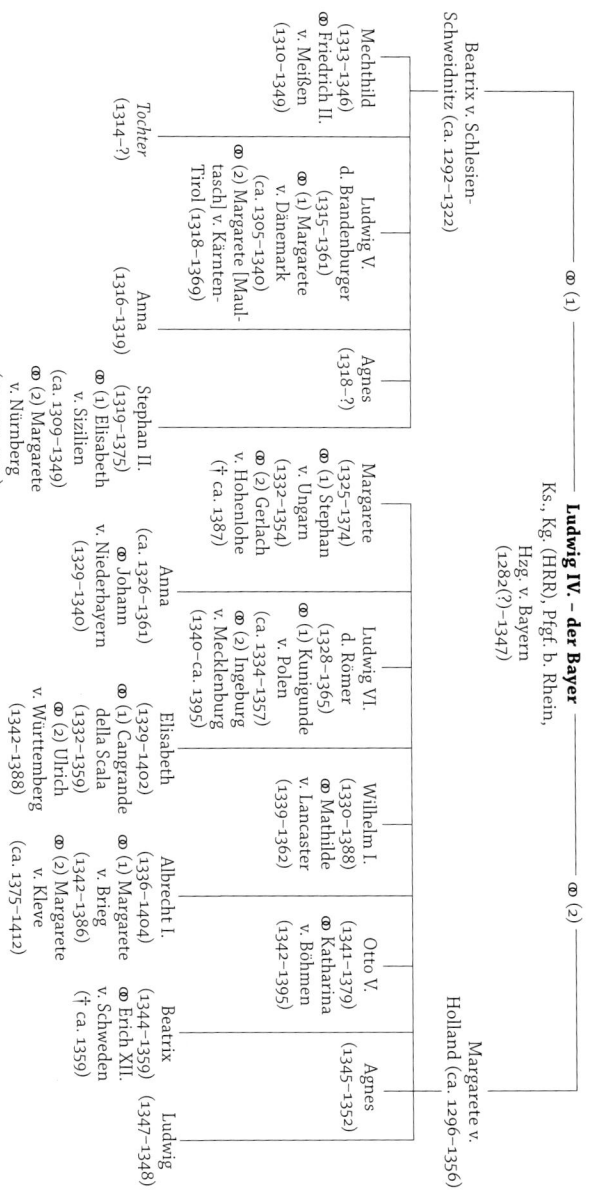

Als Herzog von Bayern heiratete er vor dem Jahr 1313 Beatrix von Schlesien-Schweidnitz aus der schlesischen Linie der Piasten (vgl. dazu S. 30–32). Über Beatrix erfahren wir aus den Quellen nur sehr wenig; vor ihrer Ehe mit Ludwig tritt sie nicht in Erscheinung und auch zur Herzogin und Königin bleiben die Nachrichten spärlich. In der Chronik von den Taten der Fürsten, die von einem Mönch des wittelsbachischen Klosters Fürstenfeld um 1330 verfasst wurde, finden sich gerade zwei Zitate zu Beatrix: »Mit diesen [Kämpfern] begibt er [Ludwig] sich unter großer Prachtentfaltung nach Aachen und wir hier mit seiner Gemahlin Beatrix von den ehrwürdigen Bischöfen von Mainz und Trier feierlich gekrönt.« und »Das Weihnachtsfest feierte er [Ludwig IV.] in München, wo nicht lange danach die gnädigste Königin Frau Beatrix einer Krankheit erlag und von Gott zu sich genommen wurde. Ihr wurde in der genannten Stadt im Münster der seligen Jungfrau Maria ein Grabmal errichtet, in dem sie unter den gebührenden Feierlichkeiten beigesetzt wurde.«[3] Beatrix interessiert hier nur als Ehefrau Ludwigs, nicht als Person.

Das Paar hatte sechs Kinder, vier Töchter und zwei Söhne. Die Söhne folgten ihrem Vater in der Herrschaft und übernahmen Teile der wittelsbachischen Hausmacht. Der älteste Sohn wurde auf den Namen seines Großvaters und Vaters getauft und firmiert in der Forschung als Ludwig V., der Brandenburger (1315–1361). Zu Lebzeiten des Vaters war er Teil von dessen politischen Aktionen: 1323 machte sein Vater ihn zum Markgrafen von Brandenburg und damit zu einem der sieben Kurfürsten, 1324 wurde er mit Margarete von Dänemark verheiratet und nach deren Tod (1340) mit Margarete, der Gräfin von Tirol. Diese zweite Hochzeit brachte Tirol an die Wittelsbacher und zeigt deutlich, dass der Sohn den Wünschen des Vaters entsprechen musste: Zeitgenossen erzählen vom anfänglichen Unwillen Ludwigs V., sich in die Heiratspläne seines Vaters zu fügen, weil

Margaretes erste Ehe von der Kurie nicht annulliert worden war (vgl. dazu S. 95–100). Auch wenn diese Anekdote eine Erfindung sein mag, zeigt sie doch, dass sich der Sohn dem Willen des Vaters zu beugen hatte.

Der zweite Sohn aus erster Ehe war Stefan II., der nach dem Tod seines Vaters die Herrschaft in Teilen Bayerns übernahm. Er wurde 1328 mit Elisabeth von Sizilien verheiratet. Beide Söhne wurden also mit Prinzessinnen vermählt, den Töchtern der Könige von Dänemark und Sizilien; hier werden die dynastischen Ansprüche des Wittelsbachers und die Tatsache deutlich, dass Ludwigs Königtum in Europa Anerkennung fand.

Über die Töchter aus der ersten Ehe Ludwigs wissen wir weit weniger als über die Söhne; in der patriarchalen Welt des Mittelalters lag das politische Interesse und damit auch der Fokus der Quellen auf den Männern. Für eine Tochter von Beatrix und Ludwig ist nicht einmal ein Name überliefert, zwei weitere – Anna und Agnes – starben sehr jung. Die älteste Tochter – das erste Kind (vgl. S. 32) – Mechthild heiratete 1328 den Markgrafen Friedrich II. von Meißen.

Nach dem Tod seiner ersten Frau 1322 heiratete Ludwig – inzwischen römisch-deutscher König – im Jahr 1324 die Tochter des Grafen Wilhelm von Holland und Hennegau: Margarete. Aus dieser Ehe, die bis zum Tod Ludwigs 1347 anhielt, gingen zehn Kinder hervor: Margarete, Anna, Ludwig VI. – nach seinem Geburtsort ›der Römer‹ genannt –, Elisabeth, Wilhelm I., Albrecht I., Otto V., Beatrix, Agnes und wieder ein Ludwig; der dritte Sohn dieses Namens ist kurz nach seiner Geburt verstorben. Politischen Einfluss gewann Margarete nach dem Tod ihres Bruders (vgl. S. 93–95), der sie zur Erbin von Holland und Hennegau machte. Auch über die zweite Ehe Ludwigs lassen die Quellen keine Aussagen zu. Mitunter wird in der Forschung aus der hohen Kinderzahl auf den Zustand der Ehe geschlossen, was methodisch freilich fragwürdig ist.

SCHWARZE ODER ROTE HAARE? – LUDWIGS AUSSEHEN

Wir wissen nicht, wie Ludwig IV. genau ausgesehen hat. Zeitgenössische Abbildungen unterliegen immer dem Verdacht, die Wirklichkeit einem Ideal zu unterwerfen. Und selbst wenn man etwa das Ludwig-Portrait des Kanzleinotars Leonhard von München aus dem Jahr 1339 für realistisch halten will, vermittelt es doch nur einen sehr vagen Eindruck vom Aussehen des Kaisers (vgl. S. 103).

Auch textliche Beschreibungen helfen nur bedingt weiter: »Es war aber der Kaiser Ludwig körperlich groß und wohlgestaltet. Ihn hatte die Natur zum Regieren geschaffen [...]. Er war von geradem und hohem Wuchs und hatte einen biegsamen Nacken, der wie halb nach oben gereckt war. Die Stirn war breit und heiter, frei und offen, die Augen klar, groß, durchdringend und von anziehender Freundlichkeit, die Oberlippe aufwärts gebogen, Haupthaar und Bart reichlich lang, schwarz und kraus, die Gesichtsfarbe weiß und rot: Kurz, er war sehr schön am ganzen Körper, und liebenswürdig war sein Gesichtsausdruck.«[4] Mit diesen Worten beschreibt Heinrich von Herford, ein Zeitgenosse Ludwigs, den Kaiser. Ob er ihn jemals mit eigenen Augen gesehen hat, ist ungewiss. Dieses Herrscherportrait macht uns die Zeitgebundenheit ästhetischer Deutungen und die enge Verbindung von Wertung und Beschreibung einer Person klar. Wir haben es hier also weniger mit einer objektiven Beschreibung denn mit einer Typisierung zu tun: Der gute Herrscher ist schön.

Seine zunächst positive Beschreibung Ludwigs verkehrt Heinrich von Herford am Ende seiner Schilderung sehr effektvoll ins Gegenteil: Er führt aus, Ludwig habe all seine guten Anlagen durch seine Ketzerei »vernichtet und inhaltslos« gemacht. Es geht hier also weniger darum, Ludwig zu beschreiben, als darum, sein Handeln zu bewerten.

Hinzu tritt der Umstand, dass es schwierig sein kann, aus einer textlichen Schilderung auf das tatsächliche Aussehen rückzuschließen: Was sollen wir uns unter einem *cervix semisupinus*, einem »wie halb nach oben gereckten Nacken« genau vorstellen?

Die Schilderungen Heinrichs decken sich zudem nicht in allen Punkten mit den Angaben anderer Zeitgenossen. Nach dem aus Padua stammenden Alberto Mussato hatte Ludwig rötliches Haar, nicht schwarzes. Beide Beschreibungen stimmen aber darin überein, dass Ludwig die körperlichen Voraussetzungen für einen erfolgreichen Kämpfer erfüllte. Dies wird mit einem durchsetzungsstarken Herrscher und Helden assoziiert und als Eigenschaft verstanden, die für einen König von Bedeutung ist. Es ist dabei letztlich nicht zu klären, was hier Darstellungskonvention, Beschreibung der Wirklichkeit oder literarische Freiheit ist. Wir können uns über diese Unklarheit damit hinwegtrösten, dass die Frage des Aussehens für eine geschichtswissenschaftliche Betrachtung Ludwigs IV. von nachgeordneter Bedeutung ist.

»DER GROSSE ADLER« – LUDWIGS CHARAKTER

Was für das Aussehen gilt, trifft für den Charakter erst Recht zu: Jede Beschreibung ist Wertung und literarisches Konstrukt. Mathias von Neuenburg beginnt den Abschnitt seiner Chronik, der sich mit Ludwig auseinandersetzt, wie folgt: »Merke wohl auf, Geschichtsschreiber, nimm deinen Verstand zusammen; du hast eine schwere Arbeit, wenn du es unternimmst, den großen Adler zu schildern, welcher langsam und lange fliegt, in der Torheit weise, in der Gleichgültigkeit sorgsam, in der Trägheit wild, in der Trauer vergnügt, im Kleinmut starkmütig, den mit angebrannten Flügeln sich aufschwingenden und im Unglück glücklichen.«[5]

Dieser Auszug macht viele der Probleme deutlich, denen wir uns bei der Charakterisierung durch Zeitgenossen gegenüber sehen: Mathias geht es hier ganz offensichtlich in erster Linie darum, seine eigenen Fähigkeiten als Autor unter Beweis zu stellen. Die Charakterisierung Ludwigs ist literarisch gestaltet und basiert auf einer Aneinanderreihung widersprüchlicher Attribuierungen. Dem stellt der Autor einen Aufruf voran, der die Schwierigkeiten der Aufgabe thematisiert und damit implizit das eigene Schaffen lobt. Der Symbolwert des Adlers – der hier als kaiserliches Tier für Ludwig steht – wird mit der Anspielung an den Ikarus-Mythos kombiniert. Wie der Sohn des Dädalus der Sonne zu nah kam, so schwingt sich auch Ludwig zu unziemlichen Höhen auf und ist dabei doch vom Glück begünstigt. Das alles soll in erster Linie Mathias von Neuenburg als versierten Erzähler präsentieren. Insgesamt steht der Chronist Ludwig eher distanziert und kritisch gegenüber.

Unter den Zeitgenossen finden sich auch Anhänger Ludwigs; entsprechend positiv fällt ihre Wertung aus, wie etwa in der Chronik Kaiser Ludwigs IV.: »Im Jahr 1347 entschlief in Frieden der ruhmreiche Kaiser, Vater des Friedens, der Freund der Geistlichkeit und des Volkes, der äußerst glückliche Triumphator, der freigiebige, zuverlässige, weise, wahrhaft christlich gesinnte und rechtgläubige Fürst, den nie ein Feind überwand.«[6]

Dieser Darstellung, die offensichtlich Partei ergreift, können wir allenfalls die Kategorien entnehmen, die in den Augen der Zeitgenossen einen guten Herrscher ausmachten. Dieser sollte friedliebend, freigiebig, zuverlässig, weise, kriegerisch erfolgreich und gottesfürchtig sein. Für Ludwig IV. kann man diese Kategorien je nach Standpunkt sehr unterschiedlich bewerten. So nahmen er selbst und sein Parteigänger für ihren Kaiser in Anspruch, den Frieden gesucht und die Kirche geachtet zu haben, was etwa sein Gegenspieler Papst Johannes XXII. vehement verneinte.

Es sind in erster Linie die Funktionen Ludwigs, die in den Quellen ihre Spuren hinterlassen haben. Über den Menschen Ludwig und seinen Charakter wissen wir letztlich sehr wenig; sehr viel mehr können wir über den Herzog, König und Kaiser sagen.

3 Jüngster Sohn, Pfalzgraf und Herzog (bis 1314)

»Lodwich, von gotes genaden pfallentzgraf bi dem Reyn und hertzog in Beyern« – so lautet der Titel Ludwigs IV. in einer Urkunde von 1310. Wir greifen ihn hier als Funktionsträger: Von Gottes Gnaden war Ludwig Pfalzgraf bei Rhein und Herzog in Bayern. Bis zum Jahr 1314, als Ludwig zum römisch-deutschen König gewählt wurde, waren das Herzogtum und die Pfalzgrafschaft die alleinigen Bezugspunkte seines politischen Handelns.

Die Wittelsbacher

Ludwig IV. war der jüngste Sohn Ludwigs II., des Strengen, und seiner dritten Frau Mechthild von Habsburg. Ludwig II. war Pfalzgraf bei Rhein und Herzog in Bayern, Mechthild die Tochter König Rudolfs von Habsburg. Unser Ludwig, der sowohl als Herzog von Bayern, als auch als römisch-deutscher König als ›der Vierte‹ zählte, war ein Wittelsbacher und gehörte damit zu einer der vornehmsten Familien des Reiches. Der heute übliche Name der Dynastie leitete sich von der Burg Wittelsbach (in der Nähe von Aichach) ab. Der Aufstieg der Familie gründete auf Dienst und Treue für das Königtum. 1180 hatte König Friedrich I. den Wittelsbacher Otto I. zum Herzog von Bayern erhoben, 1214 hatte König Friedrich II. dessen Sohn Ludwig I. die Pfalzgrafschaft bei Rhein verliehen. Damit hielten die Wittelsbacher zwei Reichsfürstentümer und mit der Pfalz das Anrecht auf eine Kurstimme. Ludwig II. war der Enkel Ludwigs I. und teilte sich die Herrschaft mit seinem jüngeren Bruder Heinrich XIII. Besitz und Titel fielen nicht nur an den ältesten, sondern an alle männliche Erben. Ludwig der Strenge und sein Bruder Heinrich führten beide die Titel ›Pfalzgraf‹ und ›Herzog‹ und herrschten zunächst gemeinsam über die wittelsbachischen Besitzungen. Im Jahr 1255 teilten sie nach Streitigkeiten die Herrschaft untereinander; dies entsprang dem Selbstverständnis der Dynastie, welche das Fürstentum als

Das Haus Wittelsbach von Otto I. bis Ludwig IV.

Otto I., Hzg. v. Bayern
(ca. 1117–1183)
⚭ Agnes von Loon (ca. 1150–1191)

Otto (ca. 1169–1181)

Sophie (ca. 1170–1238)
⚭ Hermann I. v. Thüringen (ca. 1155–1217)

Heilika (ca. 1171–1200)
⚭ Dietrich v. Wasserburg (ca. 1142–ca. 1210)

Agnes (ca. 1172–ca. 1200)
⚭ Heinrich v. Plain († ca. 1190)

Richarde (ca. 1173–ca. 1231)
⚭ Otto v. Geldern († ca. 1207)

Ludwig I. d. Kelheimer, Pfgf. b. Rhein, Hzg. v. Bayern (1174–1231)
⚭ Ludmilla v. Böhmen († 1214)

Heilika (ca. 1176)

Elisabeth (ca. 1178–1190)
⚭ Berthold v. Vohburg († 1209)

Elisabeth (ca. 1227–1273)
⚭ (1) Konrad IV., Kg. (HRR) (1228–1254)
⚭ (2) Meinhard v. Tirol (ca. 1238–1295)

Ludwig II. d. Strenge, Pfgf. b. Rhein, Hzg. v. Oberbayern (1229–1294)
⚭ (1) Maria v. Brabant (ca. 1226–1256)
⚭ (2) Anna v. Glogau (ca. 1240–1271)
⚭ (3) Mechthild v. Habsburg (ca. 1251–1304)

Otto II. d. Erlauchte, Pfgf. b. Rhein, Hzg. v. Bayern (1206–1253)
⚭ Agnes v. Braunschweig (ca. 1201–1267)

---

[2]
Ludwig (1267–1290)
⚭ Elisabeth v. Lothringen (1272–1335)

[3]
Rudolf I. (1274–1319)
⚭ Mechthild v. Nassau (ca. 1280–1323)

Mechthild (1275–1319)
⚭ Otto v. Braunschweig (ca. 1260–1330)

[3]
Agnes (ca. 1276–ca. 1345)
⚭ (1) Heinrich v. Hessen (ca. 1264–1298)
(2) Heinrich v. Brandenburg (ca. 1256–1318)

Heinrich XIII., Hzg. v. Niederbayern (1235–1290)
⚭ Elisabeth v. Ungarn (ca. 1236–1271)

Sophie (1236–1289)
⚭ Gerhard v. Hirschberg (ca. 1330–1275)

[3]
Ludwig IV., Ks., Kg., Pfgf. b. Rhein, Hzg. v. Bayern (1282(?)–1347)
⚭ (1) Beatrix v. Schlesien-Schweidnitz (ca. 1292–1322)
⚭ (2) Margarete v. Holland (ca. 1296–1356)

Familienbesitz ansah, mit dem gleichsam nach privatrechtlichen Vorstellungen verfahren werden konnte. Heinrich erhielt Niederbayern und machte Landshut zu seinem Hauptsitz, der ältere Ludwig erhielt die Pfalz und Oberbayern; Zentren seines Herrschaftskomplexes waren Heidelberg und München. Beide Brüder führten auch nach der Teilung die Titel ›Pfalzgraf‹ und ›Herzog‹. Die Teilung in Ober- und Niederbayern sollte zukunftsweisend sein, wenn sie auch nicht ununterbrochen Bestand hatte – Ludwig IV. wird es 1340 gelingen, ganz Bayern wieder in seiner Hand zu vereinen. Ab 1255 waren die wechselvollen Beziehungen zwischen Ober- und Niederbayern ein wichtiger Faktor der wittelsbachischen Geschichte – weitere Teilungen sollten folgen.

DER VATER: LUDWIG II. – DER KÖNIGSMACHER

Ludwig II. war drei Mal verheiratet. Seine erste Frau, Maria von Brabant, hatte er 1256 hinrichten lassen, weil er sie zu Unrecht der Untreue beschuldigte. Wegen dieser Untat haftete ihm auch der Beiname ›der Strenge‹ an. Als Sühne für diese Tat gründete er das Zisterzienserkloster Fürstenfeld. Mit seiner zweiten Ehefrau, Anna von Schlesien-Glogau, hatte Ludwig unter anderem einen Sohn, der ebenfalls auf den Namen Ludwig getauft wurde. Er starb 1290 bei einem Turnier. Nachdem Anna gestorben war, heiratete Ludwig die Habsburgerin Mechthild; mit ihr hatte er zwei Söhne: Rudolf I. und ›unseren‹ Ludwig. So hatte das Paar zwei Söhne gleichen Namens, die gleichzeitig lebten. Dies war im Mittelalter zwar nicht die Regel, kam aber vor. Ludwig IV. selbst sollte dreien seiner Söhne den Namen Ludwig geben.

Ludwig II. war einer der einflussreichsten Reichsfürsten seiner Zeit. Als Pfalzgraf bei Rhein war er einer von sieben Kurfürsten und gleichzeitig Reichsvikar, also Stellvertreter des Königs bei dessen Abwesenheit oder bei Thronvakanz. Als im Jahr 1273 ein neuer römisch-deutscher König gewählt wurde, war er erst Kandidat, dann Königsmacher und setzte sich für Rudolf von Habsburg ein. Mit dessen Wahl am 1. Oktober 1273 war der Wahlgedanke im römisch-deutschen Königtum deutlich zum

Ober- und Niederbayern nach der Teilung von 1255

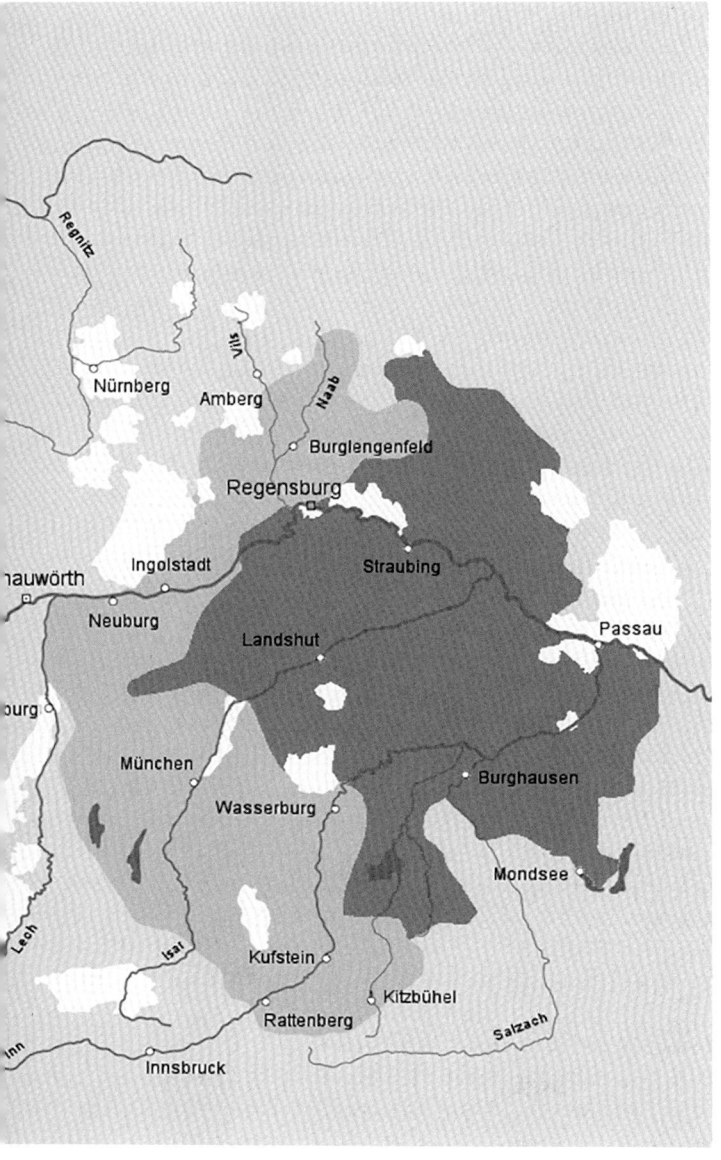

Ausdruck gebracht worden: Die Reichsfürsten wählten mit Rudolf einen Grafen von lediglich regionaler Bedeutung zum König, dessen Armut sprichwörtlich werden sollte. Damit setzten sie bewusst ein Zeichen gegen ein Königtum, das von einer großen Reichsdynastie – wie etwa den Staufern – getragen wurde. Die Königserhebungen seit 1273 waren grundsätzlich von zwei Bestrebungen geprägt: Die Kurfürsten pochten auf ihr Wahlrecht und wählten Herrscher aus verschiedenen, mitunter wenig einflussreichen Familien. Die jeweiligen Könige versuchten, den Thron für die Dynastie zu sichern und ihre Königswürde für ihre Hausmacht nutzbar zu machen.

Im ausgehenden 13. und frühen 14. Jahrhundert kam es so zu einer Abfolge von Königen aus verschiedenen Dynastien. Die bedeutendsten waren die Habsburger, die Luxemburger und die Wittelsbacher. Sie stellten im 14. Jahrhundert die römisch-deutschen Könige. Unter diesen Familien waren die Wittelsbacher die älteste und die einzige, die schon vor dem Aufstieg zum Königtum über zwei reichsfürstliche Titel verfügte.

Die enge Verbindung Ludwigs II. zu Rudolf von Habsburg wurde nach dessen Königswahl durch seine Heirat mit Mechthild, der ältesten Tochter des Königs, weiter bekräftigt: Der Königsmacher wurde zum königlichen Schwiegersohn; Ludwig IV. war also durch seine Mutter mit den Habsburgern verwandt. Sein Vater starb 1294 und hinterließ formal die Herrschaft seinen beiden Söhnen, de facto aber führte der ältere Rudolf die Regierung alleine. Zwischen den beiden Brüdern entstand eine beinahe lebenslange Rivalität, welche die Geschicke des Hauses Wittelsbach für die kommenden Jahrzehnte prägen sollte. Wie zuvor schon zwischen Ludwig II. und Heinrich XIII. funktionierte die gemeinsame Herrschaft zweier Brüder nur schlecht.

DAS GEBURTSJAHR LUDWIGS IV.

Über Kindheit und Jugend Ludwigs IV. wissen wir so gut wie nichts. Auf ein Psychogramm des jungen Ludwigs als Grundlage für seine charakterliche Entwicklung muss daher – wie gesehen – verzichtet werden. Selbst das Geburtsdatum ist nicht sicher überliefert – und zwar weder Tag noch Jahr. Letzteres kann aus verschiedenen Quellenbelegen erschlossen, aber nicht sicher nachgewiesen werden, so dass die Forschung verschiedene Geburtsjahre vertritt: 1282, 1283, 1286 und 1287. Waldemar Schlögl hat sich für das Frühjahr 1282 stark gemacht, und ein Großteil der Forschung folgt ihm darin.[7] Die Unsicherheit rund um das Geburtsdatum ist zunächst ein Beleg für die Quellenlage, auf der unser Biogramm fußen muss. Das Mittelalter feierte keine Geburtstage, die Kindersterblichkeit war hoch und das Alter eines Menschen – etwa im Sinne juristischer Volljährigkeit – von nachgeordneter Bedeutung: All das führte dazu, dass man den genauen Termin der Geburt nicht regelmäßig festhielt. Für die Zeitgenossen war das genaue Alter kaum von Belang: Anlässlich der Königswahl im Oktober 1314 merkt der Chronist Heinrich der Taube von Selbach an, Ludwig sei »ungefähr 30 Jahre alt gewesen.«[8]

Für den modernen Biografen spielt das Alter hingegen eine gewisse Rolle: Geht man vom frühesten Termin aus, agierte Ludwig erst in relativ hohem Alter selbstständig. Bei seiner Königswahl wäre er 32 und bei seiner ersten eigenständigen Aktion als bayerischer Landesherr, dem sogenannten Schneitbacher Rittertag im Jahre 1302, immerhin schon 20 Jahre alt gewesen. Auffällig ist, dass Ludwig die Urkunde von 1302 nicht mit seinem eigenen Siegel, sondern dem seiner Mutter und seiner Schwägerin bestätigte. Offenbar verfügte er noch nicht über ein eigenes Siegel, was für einen 20-jährigen, amtierenden Herzog eher unwahrscheinlich ist. Die Urkunde von 1302 ist daher ein Indiz für ein späteres Geburtsdatum.

Interessant ist auch die Frage nach dem Altersunterschied zwischen Ludwig und einigen anderen Akteuren seiner Zeit. Sein älterer Bruder Rudolf I. wurde 1274 geboren, sein habsburgischer Vetter Friedrich 1289. Je nach Geburtsjahr trennen Ludwig also von seinem älteren Bruder acht oder 13, von seinem jüngeren Vetter sieben oder nur drei Jahre. Auch wenn es nicht sinnvoll ist, moderne Vorstellungen von Altersgleichheit und damit einhergehenden Möglichkeiten der emotionalen Bindung eins zu eins auf das 14. Jahrhundert zu übertragen, so

Das Haus Habsburg von Rudolf I. bis Friedrich dem Schönen

Rudolf I.,
Kg. (HRR), Gf. v. Habsburg
(1218–1291)
⚭ (1) Gertrud (Anna) v. Hohenberg
(ca. 1230/35(?)–1281)
⚭ (2) Agnes (Isabella) v. Burgund
(† 1323)

Mechthild
(ca. 1251–1304)
⚭ Ludwig II.
v. Oberbayern
(1229–1294)

Agnes
(† 1322)
⚭ Albrecht
v. Sachsen
(ca. 1250–1298)

Clementia
(† 1293)
⚭ Karl Martell
v. Ungarn
(1271–1295)

Albrecht I.
Kg. (HRR)
(1255–1308)
⚭ Elisabeth
v. Görz-Tirol
(1262/63–1313)

Katharina
(ca. 1256–1282)
⚭ Otto III.
v. Niederbayern
(1261–1312)

Hedwig
(† 1286(?))
⚭ Otto VI.
v. Brandenburg
(ca. 1255–1303)

Guta (Jutta)
(† 1297)
⚭ Wenzel II.
v. Böhmen
(1271–1305)

Rudolf II.
Gf. v. Habsburg
(1271–1290)
⚭ Agnes
v. Böhmen
(1269–1296)

Agnes
(1280–1364)
⚭ Andreas III.
v. Ungarn
(ca. 1265–1301)

Rudolf III.
Kg. v. Böhmen
(1281–1307)
⚭ (1) Blanca
v. Frankreich
(† 1305)
⚭ (2) Elisabeth
v. Polen
(ca. 1286–1335)

Friedrich d. Schöne
Kg. (HRR)
(1289–1330)
⚭ Isabella v.
Aragón
(† 1330)

Leopold I.
(1290–1326)
⚭ Katharina
v. Savoyen
(† 1336)

Katharina
(1295–1323)
⚭ Karl
v. Kalabrien
(1298–1328)

Heinrich
(1299–1327)
⚭ Elisabeth
v. Virneburg
(ca. 1303–1343)

Albrecht II.
(1298–1358)
⚭ Johanna v. Pfirt
(1300–1351)

Otto
(1301–1339)
⚭ (1)Elisabeth
v. Niederbayern
(ca. 1306–1330)
⚭ (2)Anna
v. Böhmen
(ca. 1319–ca. 1340)

scheint gerade die enge Bindung an den Vetter Friedrich, die von der Forschung immer wieder betont wird, für einen eher geringen Altersunterschied zwischen beiden zu sprechen.

JUGEND UND ERZIEHUNG

Über die Jugendjahre Ludwigs liegt uns genau ein Quellenbericht vor, der aus dem Augustinerchorherrenstift Dießen in Oberbayern stammt und 1365 – also deutlich nach dem Tod des Kaisers – verfasst wurde. Hier heißt es: »Herzog Ludwig wurde schon als kleiner Junge in Wien zusammen mit den Söhnen des Herzogs von Österreich in Latein unterrichtet.«[9] Er erhielt die standesübliche höfische Erziehung also am Hof seiner habsburgischen Verwandtschaft. Der erwähnte Herzog von Österreich war Albrecht I., Sohn König Rudolfs, der Österreich an die Habsburger gebracht hatte. An seinem Hof wurde Ludwig zusammen mit seinen Vettern Rudolf I., Friedrich dem Schönen und Leopold I. erzogen, die allesamt in seinem weiteren Leben eine wichtige Rolle spielen sollten.

KÖNIGSWAHLEN UND BAYERISCHE POLITIK

1291 war Rudolf von Habsburg gestorben, und die Fürsten hatten nicht seinen Sohn Albrecht, sondern Adolf, den Grafen von Nassau, zum König gewählt. 1298 nutzte Albrecht von Österreich jedoch die Unzufriedenheit im Reich und ließ sich gegen Adolf zum König erheben. Im Kontext dieser Thronstreitigkeiten sehen wir Ludwig IV. erstmals als politischen Akteur. Sein Bruder Rudolf hatte Mechtild von Nassau, die Tochter König Adolfs, geheiratet und unterstützte seinen Schwiegervater. Ludwig hingegen stand auf Seiten des Habsburgers, zu dessen Wählern er als pfalzgräflicher Kurfürst gehört hatte.

Das Königtum Albrechts brachte Veränderungen für Oberbayern: Rudolf I. musste die gleichberechtigte Teilhabe Ludwigs an der Regierung anerkennen. Unter dem Druck des Königs arrangierten sich die Brüder und führten ihre Herrschaft gemeinsam. Als er 1308 ermordet wurde, kamen die Differenzen aber erneut zum Vorschein, und wir greifen von nun an

Ludwig IV. mehr und mehr als selbstständig agierenden Fürsten. In diesem Jahr wählten die Kurfürsten Heinrich von Luxemburg zum König – wie schon bei Rudolf von Habsburg ein vor allem regional bedeutender Graf, dessen Königtum den Grundstein für den Aufstieg seiner Familie legte. Zu 1308 ist eine Wahlabsprache überliefert, die als potenzielle Kandidaten auch Rudolf und Ludwig nennt. Dies dürfte freilich eher auf ihre Stellung als Kurfürsten zurückzuführen sein – sie werden ausschließlich als Pfalzgrafen bei Rhein, nicht aber als Herzöge von Bayern tituliert – als auf eine ernsthaft betriebene Kandidatur. In der Wahlanzeige für Heinrich VII. wird nur Rudolf namentlich genannt; man kann aber aus einer Zeugenliste schließen, dass Ludwig im Wahlort Frankfurt am Main ebenfalls anwesend war. Dies lässt den Schluss zu, dass er sich auch an dieser Königswahl beteiligt hat.

BRUDERSTREIT

Die Beziehung zwischen den Brüdern Rudolf und Ludwig kühlte nach der Königswahl Heinrichs VII. merklich ab. Rudolf wollte sich – in altbewährter wittelsbachischer Tradition – durch eine Heiratsverbindung an den neuen König binden. Da er selbst verheiratet war, sollte sein ältester Sohn eine Tochter des Königs heiraten. Für deren Ausstattung griff Rudolf eigenmächtig auf Besitzungen zurück, über die er nur gemeinsam mit seinem Bruder Ludwig hätte verfügen dürfen. Die Zwistigkeiten zwischen den Brüdern eskalierten und wurden durch Teilung beigelegt. Am 1. Oktober 1310 schlossen Rudolf und Ludwig in München den eingangs zitierten Vertrag: Sie verkündeten, dass eine Landesteilung durchgeführt worden sei; Rudolf falle der Teil rund um München, Ludwig der um Ingolstadt zu. Diese Teilung war aber nur von kurzer Dauer: Schon 1313 kam es zu einem neuen Hausvertrag. Ludwig und Rudolf einigten sich darauf, Oberbayern wieder zu vereinen und gemeinsam zu regieren – die Kurstimme sollte lebenslang bei Rudolf I. verbleiben.

Das Verhältnis zwischen den beiden war in diesen Jahren Teil der politischen Entwicklungen auf Reichsebene und der Auseinandersetzungen rund um das wittelsbachische Teilher-

*Die Besitzungen der Habsburger, Luxemburger und Wittelsbacher
im 13. und 14. Jahrhundert*

zogtum Niederbayern. Hier, im Südosten des Reiches, trafen die Interessen der drei großen Dynastien aufeinander: Habsburger, Luxemburger und Wittelsbacher. König Rudolf I. hatte Österreich, die Steiermark und Kärnten für die Habsburger gewonnen, Heinrich VII. konnte für die Luxemburger das zum Reich gehörende Königreich Böhmen sichern. Damit grenzten die Interessensphären der drei Familien in Niederbayern aneinander, und es kam mehrfach zu militärischen Auseinandersetzungen.

DIE ERSTE EHEFRAU:
BEATRIX VON SCHWEIDNITZ

In beinahe allen Handbüchern, Lexikonartikeln und Biografien kann man Folgendes lesen: Um das Jahr 1308 heiratete Ludwig IV. Beatrix von Glogau. Die erste Ehe scheint ein gut gesicherter Tatbestand zu sein. Bei näherem Hinsehen erweisen sich aber zwei Bestandteile dieser Aussage als problematisch; darauf hat jüngst Tobias Appl aufmerksam gemacht.[10] In einer gut informierten und zeitnahen Quelle zur Hochzeit lesen wir nämlich: »Er selbst [Ludwig], der erlauchte Herzog, führte dann Beatrix, die Tochter des edlen Polenherzogs Bolko, heim.«[11] Die erste Frau Ludwigs war gar keine Glogauerin, sondern die Tochter Herzog Bolkos I. von Schweidnitz. Glogauer und Schweidnitzer waren unterschiedliche Zweige der Piastenfamilie. In der Forschung wird dieser Bericht gemeinhin korrigiert, ohne dass die Gründe dafür ersichtlich wären. Auch wenn es für die Beurteilung der politischen Dimension der Hochzeit keinen gravierenden Unterschied macht, welche Piastin Ludwig geehelicht hat, ist es doch erstaunlich, dass über die Identität der Beatrix so große Unklarheit herrscht. Schließlich wird sie später mit ihrem Mann zur Königin gekrönt.

Aber nicht nur die Herkunft der Braut, auch der Zeitpunkt der Hochzeit gibt Anlass zur Nachfrage. Die oben zitierte Chronik nennt kein Datum; das in der Forschung oftmals angenommene Jahr 1308 wird aus dem Geburtsjahr Mechthilds, der ersten Tochter von Beatrix und Ludwig, rückgeschlossen. Diese kann frühestens neun Monate nach der Hochzeit auf die Welt gekommen sein. Nimmt man für die Geburt das Jahr 1309 an, muss die Hochzeit 1308 oder Anfang 1309 stattgefunden haben. Woher aber wissen wir, wann Mechthild geboren wurde? Wenn in diesem Kontext auf den Hochzeitstermin 1308 verwiesen wird, haben wir es mit einem Zirkelschluss zu tun.

Alternativ zu 1308 findet sich für die Geburt Mechthilds in der Forschung auch das Jahr 1313. Zum Juni dieses Jahres heißt es in einem Vertrag zwischen Ludwig und seinem Bruder Rudolf: »i[h]m [Ludwig] und seinen chinden, ob er chinde gewinnet, daz Got gebe.«[12] Da in diesem Vertrag an anderer Stelle von

Bildnis der ersten Gemahlin Ludwigs IV., Beatrix von Schlesien-Schweidnitz, hier irrtümlich als Beatrix von Glogau bezeichnet. – Kupferstich von Joseph Anton Zimmermann aus dem Jahr 1773

den Erben der Vertragspartner die Rede ist, kann man diese Formulierung nur auf die männlichen Nachkommen beziehen; dann wäre hiermit keine Aussage über Mechthild verbunden. Versteht man unter Kindern auch die Töchter, was sprachlich näherliegt, kann man diese Formulierung dahingehend deuten, dass Ludwig und Beatrix trotz längerer Ehe keine Kinder haben; diesem beklagenswerten Zustand soll Gott abhelfen. Nimmt man die Geburtsdaten der übrigen Kinder des Ehepaares hinzu, ergibt sich folgendes Bild: Die jüngeren Geschwister sind 1314, 1315, 1316, 1318 und 1319 geboren. Diese Regelmäßigkeit verweist für Mechthilds Geburt eher auf das Jahr 1313. Dazu passt auch, dass ihre Hochzeit mit dem Landgrafen Friedrich von Thüringen zwar 1323 vereinbart, aber erst 1328 geschlossen wurde. Offenbar war Mechthild 1323 noch zu jung; ein weiteres Indiz für eine Geburt im Jahr 1313, nicht 1309.

Bedient man sich des auf diesen Überlegungen basierenden Geburtstermins der ersten Tochter als Datierungshilfe für die Hochzeit der Eltern, muss die Folgerung lauten: Vor 1313 heiratete Ludwig IV. Beatrix von Schweidnitz.

Durch seine Heirat mit Beatrix hat Ludwig IV. die Verbindungen zu seinen niederbayerischen Vettern gestärkt. Stephan I. von Niederbayern war mit Beatrix' Schwester Judith verheiratet. Er und sein Bruder Otto III. setzten Ludwig daraufhin zum Vormund für ihre minderjährigen Söhne ein. Stephan starb 1310, Otto III. 1312. Ludwig regierte fortan als Vormund ihrer Söhne über Niederbayern und konnte dadurch seine Machtbasis beträchtlich erweitern.

Dies brachte ihn in Konflikt mit den österreichischen Herzögen Friedrich dem Schönen und Leopold I., die ihren Einfluss auf Niederbayern ausbauen wollten. Die Gelegenheit dazu ergab sich, als die niederbayerischen Herzogswitwen Agnes und Judith die Vormundschaft über ihre Söhne an die Habsburger übertrugen. Es kam in dieser Sache mehrfach zu direkten Verhandlungen zwischen den Vettern Ludwig IV. und Friedrich dem Schönen, die sich ja aus Kindertagen in Wien kannten. Die Fürstenfelder Chronik erzählt, Ludwig habe sich mit gezücktem Schwert auf seinen Vetter gestürzt; die guten Beziehungen Ludwigs zu den Habsburgern standen angesichts handfester Machtpolitik offenbar zurück. Aus dieser Episode auf einen jähzornigen Charakter des Wittelsbachers schließen zu wollen, ist methodisch jedoch fragwürdig. Eher haben wir es mit einem erzählerischen Motiv zu tun, das auf eine waffentragende, gewaltaffine Adelswelt verweist, die den gerechten Zorn würdigt. Der Chronist sieht in Ludwig keinen cholerischen Wüterich, sondern steht ihm positiv gegenüber; Friedrich hingegen beschreibt er als selbstsüchtig und gottvergessen.

Die Wittelsbacher in Niederbayern

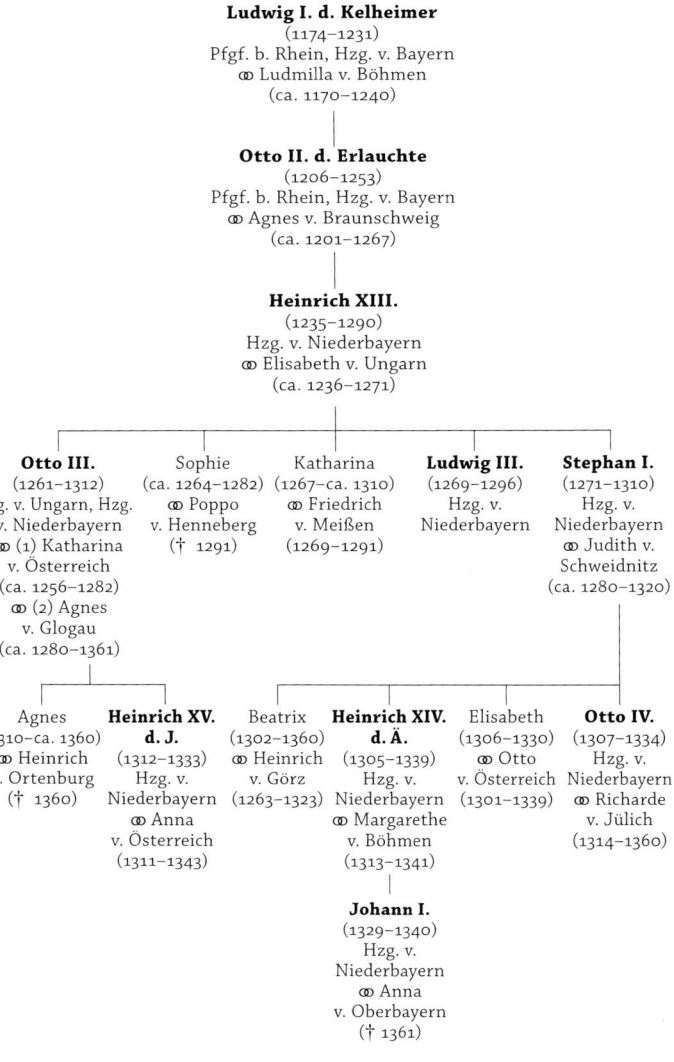

Ludwig I. d. Kelheimer
(1174–1231)
Pfgf. b. Rhein, Hzg. v. Bayern
∞ Ludmilla v. Böhmen
(ca. 1170–1240)

Otto II. d. Erlauchte
(1206–1253)
Pfgf. b. Rhein, Hzg. v. Bayern
∞ Agnes v. Braunschweig
(ca. 1201–1267)

Heinrich XIII.
(1235–1290)
Hzg. v. Niederbayern
∞ Elisabeth v. Ungarn
(ca. 1236–1271)

Otto III.
(1261–1312)
Kg. v. Ungarn, Hzg.
v. Niederbayern
∞ (1) Katharina
v. Österreich
(ca. 1256–1282)
∞ (2) Agnes
v. Glogau
(ca. 1280–1361)

Sophie
(ca. 1264–1282)
∞ Poppo
v. Henneberg
(† 1291)

Katharina
(1267–ca. 1310)
∞ Friedrich
v. Meißen
(1269–1291)

Ludwig III.
(1269–1296)
Hzg. v.
Niederbayern

Stephan I.
(1271–1310)
Hzg. v.
Niederbayern
∞ Judith v.
Schweidnitz
(ca. 1280–1320)

Agnes
(1310–ca. 1360)
∞ Heinrich
v. Ortenburg
(† 1360)

**Heinrich XV.
d. J.**
(1312–1333)
Hzg. v.
Niederbayern
∞ Anna
v. Österreich
(1311–1343)

Beatrix
(1302–1360)
∞ Heinrich
v. Görz
(1263–1323)

**Heinrich XIV.
d. Ä.**
(1305–1339)
Hzg. v.
Niederbayern
∞ Margarethe
v. Böhmen
(1313–1341)

Elisabeth
(1306–1330)
∞ Otto
v. Österreich
(1301–1339)

Otto IV.
(1307–1334)
Hzg. v.
Niederbayern
∞ Richarde
v. Jülich
(1314–1360)

Johann I.
(1329–1340)
Hzg. v.
Niederbayern
∞ Anna
v. Oberbayern
(† 1361)

DIE SCHLACHT VON GAMMELSDORF

Die Auseinandersetzungen um die Vormundschaft wurden militärisch ausgetragen. Am 9. November 1313 kam es bei Gammelsdorf zu einem Schlagabtausch, aus dem Ludwig IV. siegreich hervorging. Diese Schlacht spielt in der Memoria Ludwigs im 19. Jahrhundert eine gewichtige Rolle und war für dessen weitere Karriere sicherlich von großer Bedeutung. In der Forschung wird Gammelsdorf mal als kleines Scharmützel, mal als bedeutende Ritterschlacht gewertet. Entscheidend sind vor allem zwei Aspekte: Der Sieg Ludwigs sicherte ihm politisch den Zugriff auf Niederbayern. Verglichen mit den Habsburgern und Luxemburgern verfügten die oberbayerischen Herzöge über weniger Mittel, zumal sich Rudolf und Ludwig auch nach Gammelsdorf nicht einig sein sollten. Daher war die Vormundschaft über Niederbayern sehr wichtig. Der Sieg Ludwigs gab seinen Anhängern darüber hinaus die Möglichkeit, ihn als erfolgreichen Feldherrn in Szene zu setzen. So behaupteten bayerische Chronisten, der Triumph von 1313 habe Ludwig im Reich bekannt gemacht und bilde damit die Grundlage für sein späteres Königtum.

Hier wird an die Vorstellung angeknüpft, Herrschaft basiere auf militärischem Erfolg und Feldherrnruhm. Diese Darstellung erfolgte freilich nach der Königswahl von 1314 und unterlegt den Abläufen einen nachträglichen Sinn. Hinzu kommt, dass man den Verweis auf Feldherrntugenden auch als Kompensationsstrategie lesen kann. Ludwig fehlten nämlich einige andere Qualitäten, mit denen man seine Eignung für das Königtum hätte propagieren können: Er entstammte weder einer Königsfamilie, noch war er besonders reich. Klar ist, dass Ludwig nicht allein auf Grund seines Sieges bei Gammelsdorf König wurde; dieser war aber für seinen Aufstieg unerlässlich.

Weder die Habsburger Friedrich und Leopold, noch der Wittelsbacher Rudolf waren bei Gammelsdorf anwesend. Dies machte es möglich, dass der Ruhm alleine Ludwig zufiel und es nicht zu einem grundlegenden Zerwürfnis mit den österreichischen Vettern kam. Die Frage, ob Ludwig ein fähiger Feldherr war, ist für uns heute nur schwer zu beantworten. Die zwei

Säule zum Gedenken an die Schlacht von Gammelsdorf im Jahr 1313, errichtet 1842

Schlachten, die unter seinem Kommando geschlagen wurden – Gammelsdorf 1313 und Mühldorf 1322 –, verliefen für ihn erfolgreich. Sein persönlicher Anteil daran ist nicht zu ermessen, weil die chronikalischen Quellen zu beiden Treffen meist parteiisch sind und dazu tendieren, ihre Darstellung auf einen Feldherrn zu fokussieren.

Gut zwei Monate vor der Schlacht von Gammelsdorf war Kaiser Heinrich VII. in Italien gestorben, und die Suche nach einem neuen König begann. Unter den potenziellen Kandidaten war auch Ludwig IV., der es bis Ende 1313 geschafft hatte, aus dem Schatten seines Bruders Rudolf zu treten und eigenständige Politik zu betreiben. Seine Position basierte zum einen auf der Stellung der Wittelsbacher im Reich: Ludwig war Reichs- und Kurfürst und gehörte zu einer altehrwürdigen und angesehen Familie. Darüber hinaus hatte er sich durch die Hinwendung zu Niederbayern und den Sieg über die Habsburger eine eigene Machtbasis geschaffen, die er sich freilich mit seinem Bruder teilen musste. Umso erstaunlicher erscheint es, dass der nachgeborene Sohn über seine ererbte Stellung hinaus zum König des römisch-deutschen Reiches aufsteigen sollte.

4 Von der Doppelwahl zum Doppelkönigtum (1314–1325)

Am 20. Oktober 1314 wurde Ludwig IV. vor den Toren Frankfurts zum König des römisch-deutschen Reiches gewählt. Doch wie war es dazu gekommen? Ludwigs Aufstieg zum Königtum war nicht vorgezeichnet, und die Wahl nach dem Tod Heinrichs VII. lief nicht zwangsläufig auf den Wittelsbacher zu. Dies wird schon daran deutlich, dass zwischen Tod und Wahl über ein Jahr verging und die Wahl 1314 zwei Könige hervorbrachte: Neben Ludwig wurde auch sein Vetter Friedrich der Schöne, Herzog von Österreich, zum König gewählt. Es gab also zwei Könige, und die Wahlmonarchie steckte in einer Krise.

DIE WAHL VON 1314

Betrachten wir zunächst die Wahl selbst. Wahlberechtigt waren die sieben Kurfürsten: die Erzbischöfe von Köln, Trier und Mainz, der König von Böhmen, der Pfalzgraf bei Rhein, der Herzog von Sachsen und der Markgraf von Brandenburg. 1314 wurden aber nicht sieben, sondern neun Kurstimmen abgegeben, weil es für Böhmen und Sachsen je zwei Kandidaten gab, die für sich das Kurrecht in Anspruch nahmen.

Die Stimmverteilung der Kurfürsten

Wähler Ludwigs IV.	Wähler Friedrichs des Schönen
Johann, König von Böhmen	Heinrich von Kärnten, König von Böhmen
Balduin, Erzbischof von Trier	
Peter Aspelt, Erzbischof von Mainz	Heinrich von Virneburg, Erzbischof von Köln
Johann, Herzog von Sachsen-Lauenburg	Rudolf, Herzog von Sachsen-Wittenberg
Waldemar, Markgraf von Brandenburg	Rudolf I., Pfalzgraf bei Rhein (Bruder Ludwigs IV.)

Die Situation war also verfahren und juristisch nicht zu klären. Eine gesetzliche Regelung zu Stimmrecht und -abgabe der Kurfürsten sollte erst 1356 in der Goldenen Bulle fixiert werden. Auch das Mehrheitsprinzip war noch nicht etabliert und wurde erstmals 1338 festgelegt. Diese Regelungen waren eine Reaktion auf die Doppelwahl von 1314 und das aus ihr resultierende Chaos im Reich. Es ist also wenig sinnvoll, in der wertenden Rückschau des Historikers feststellen zu wollen, welcher Kandidat rechtmäßig oder rechtmäßiger gewählt wurde: Beide Könige nahmen dies für sich in Anspruch.

DER WEG ZUR DOPPELWAHL

Wie war es zu dieser Situation gekommen? Heinrich VII. war völlig überraschend gestorben, so dass bei seinem Tod keine Vorbereitungen für seine Nachfolge getroffen worden waren. In einem Brief vom 15. Januar 1314 berichtet der Erzbischof von Köln Papst Clemens V. von einer Besprechung einiger Kurfürsten, die über mögliche Kandidaten für die Königswahl beraten hätten, und nennt vier Namen oder Funktionen: König Johann von Böhmen, die Herzöge von Bayern und Österreich sowie den Grafen von Nevers. Letzterer schied bald aus dem Kreis der Kandidaten aus und braucht hier nicht zu interessieren. Strittig ist, wer mit ›der Herzog von Bayern‹ gemeint war: Rudolf I. oder Ludwig IV.? Die Titulatur scheint auf Ludwig zu verweisen, da Rudolf seit der Einigung von 1313 die pfälzische Kurwürde allein ausübte und wohl als Pfalzgraf bezeichnet worden wäre. Folgt man dieser Interpretation, war Ludwig IV. schon frühzeitig unter den möglichen Kandidaten. Dabei muss aber ungeklärt bleiben, ob er selbst initiativ wurde oder andere ihn ins Spiel brachten. Die ihm wohlgesonnene »Chronik von den Taten der Fürsten« erzählt, wie sehr er sich gegen die ihm angetragene Kandidatur gesträubt habe: »Er äußerte sich bestürzt, da er der Ansicht war, diese Ehre sei für ihn zugleich eine schwere Bürde, die zu tragen seine Kräfte nicht ausreichten.«[13] Dies ist allerdings weniger als ein Tatsachenbericht, sondern als wohlmeinende Propaganda zu werten, die auf den Topos der Bescheidenheit und die Tugend der Demut rekurriert.

Das Haus Luxemburg von Heinrich VII. bis Karl IV.
Die Přemysliden / Könige von Böhmen

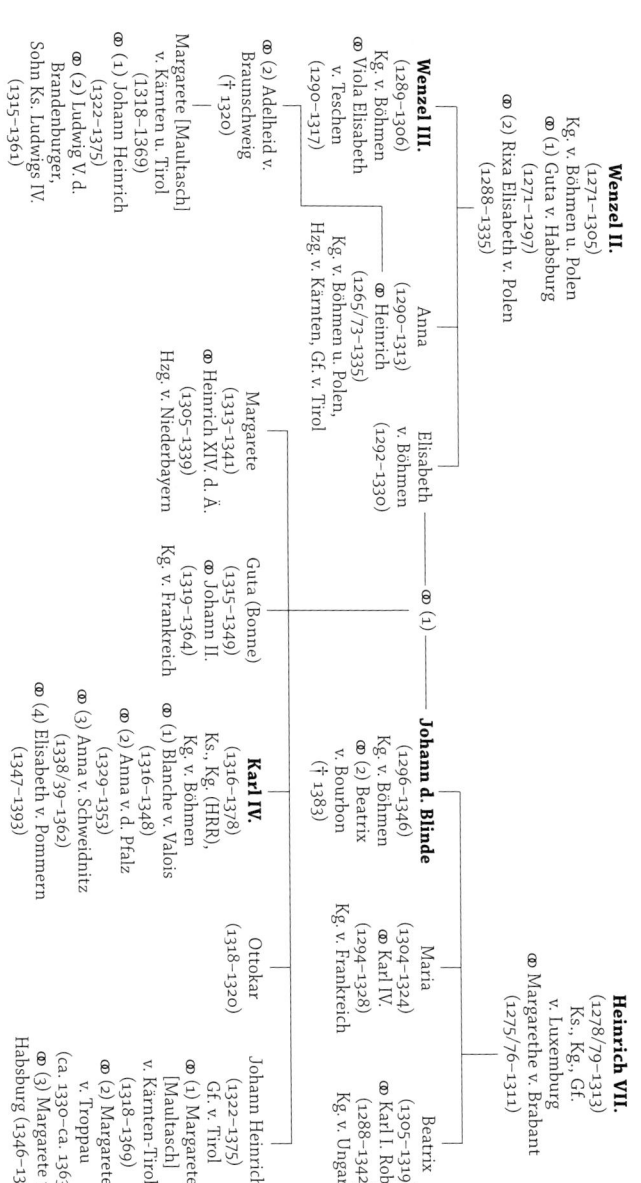

Zunächst waren es andere Bewerber, die das Vorfeld der Königswahl dominierten: König Johann von Böhmen und Herzog Friedrich der Schöne von Österreich. Ersterer war der älteste Sohn des verstorbenen Kaiser Heinrichs VII. und seit 1310 König von Böhmen. Für ihn sprachen seine königliche Abstammung und die Tatsache, dass die Reichsfürsten mit der Regierung seines Vaters im Allgemeinen zufrieden gewesen waren. Auch Friedrich der Schöne stammte aus einer königlichen Familie: Er war Enkel König Rudolfs I. und Sohn König Albrechts I. Diese Herkunft war für beide Kandidaten Vor- und Nachteil gleichermaßen: In der adligen Vorstellung von Familie und Abstammung hatten königliche Vorfahren Gewicht. Aus der Sicht der Kurfürsten bedeutete eine Vater-Sohn-Abfolge aber auch Gefahr für das Wahlrecht.

Es bildeten sich zwei Parteien heraus, deren Mitglieder ganz unterschiedliche Motive hatten. Dazu gehörten reichspolitische Überlegungen: die Stärkung des Wahlgedankens, die Suche nach einem König, der das Reich lenken würde, ohne den Einfluss der Fürsten zu beschneiden, die Besorgnis vor zu ausgeprägten Hausmachtinteressen des Königs. Hinzu traten persönliche Vorlieben und Vorteile für einzelne Kurfürsten, etwa Geldzahlungen oder Privilegien. Verwandtschaftliche Beziehungen zwischen Kurfürst und Kandidat garantierten allerdings nicht immer eine Stimme: Während Balduin von Trier sich zunächst für seinen Neffen Johann von Böhmen einsetzte, verweigerte Rudolf I. seinem Bruder Ludwig konsequent die wittelsbachische Kurstimme. Die beiden Lager – das luxemburgische hinter Johann von Böhmen und das habsburgische hinter Friedrich von Österreich – standen sich unversöhnt gegenüber.

Um Bewegung in die Wahl zu bringen, wechselte die luxemburgische Partei den Kandidaten und bewegte Johann zur Aufgabe seiner Kandidatur. Nun setzten Balduin von Trier und Peter von Mainz auf Ludwig IV. Dies hatte verschiedene Gründe: Für ihn sprachen neben seiner Stellung als Reichsfürst zunächst Ansehen und Alter seiner Familie sowie die Tradition der wittelsbachischen Königskandidatur bei den Wahlen 1273 und 1308. Zudem machte die Situation in Bayern es für die Kurfürsten wenig wahrscheinlich, dass ein König Ludwig auf Grund seiner Hausmacht allzu mächtig werden würde. Er herrschte aus eigenem Recht nur über Oberbayern und die Pfalz – und das gemeinsam mit seinem Bruder, mit dem er meist im Streit lag. Die Vormundschaft über Niederbayern würde in absehbarer Zeit enden – der älteste niederbayerische Neffe war 1314 neun Jahre alt. Somit reihte sich Ludwig in die Reihe von Herrschern ein, die Peter Moraw als »kleine Könige« bezeichnet hat. In den Augen seiner Wähler prädestinierte gerade die begrenzte Machtbasis Ludwig zum Königtum.

Man muss den Wittelsbacher darüber hinaus als Gegenkandidaten zum Habsburger Friedrich verstehen. Dies lag in der Nachbarschaft beider Herzogtümer und vor allem in den vergangenen Auseinandersetzungen begründet. Hier kommt Ludwigs Sieg bei Gammelsdorf zum Tragen: Weniger der Ruhm als Feldherr an sich, sondern der Sieg über die Habsburger war für seine Wähler von Bedeutung.

WARUM KÖNIG WERDEN?

Bleibt die Frage, warum Ludwig selbst König werden wollte. Die in den Quellen bezeugten Bescheidenheits- und Pflichterfüllungstopoi bringen uns hier nicht weiter. Wenn er auch nicht der ursprüngliche Initiator gewesen sein mag, hat Ludwig sich der Kandidatur und Wahl aktiv gestellt, weil er sich davon Vorteile versprach. Hier ist es allerdings wichtig, seine Entscheidung zum Königtum vom späteren Verlauf der Königsherrschaft zu trennen. Diese brachte Ludwig zahlreiche Konflikte ein, die er als Herzog von Bayern so nicht gehabt hätte. 1314 barg die Krone aber offensichtlich attraktive Möglichkeiten: vor allem Prestige und neue Handlungsspielräume gegenüber seinen Konkurrenten. Dies galt für seinen Bruder Rudolf und vor allem für seinen Vetter Friedrich, dessen Königserhebung Ludwig zu verhindern hoffte. Darüber hinaus hatten die territorialen Gewinne Rudolfs I. von Habsburg (Österreich) und Heinrichs VII. von Luxemburg (Böhmen) gezeigt, wie nutzbringend das Königtum für die eigene Hausmacht eingesetzt werden konnte. Dies mögen Vorbilder gewesen sein, die Ludwig zur Kandidatur bewogen. Es sollte ihm denn auch tatsächlich gelingen, aus seinem Königtum Profit für seine Dynastie zu schlagen.

Wie schwierig es aber zunächst werden sollte, das Königtum zu erlangen, zeigte sich unmittelbar nach der Wahl. Die ersten elf Jahre – von 1314 bis 1325 – war Ludwig damit beschäftigt, die Krone für sich zu sichern.

KRÖNUNGEN

Auf die Doppelwahl folgte die Doppelkrönung, wobei jeweils drei Komponenten zu beachten waren: Krönungsort, Koronator und Krönungsinsignien. Für zwei dieser drei Aspekte gab es eine traditionell ›richtige‹ Version: Krönung in Aachen, der Stadt Karls des Großen, durch den Erzbischof von Köln, in dessen Erzdiözese der Krönungsort lag. Die verwendeten Insignien spielten hingegen eine nachgeordnete Rolle. Es gab also durchaus Vorstellungen, durch wen und wo eine ›richtige‹ Königskrönung durchzuführen sei – rechtswirksame Konsequenzen hatte eine ›falsche‹ Krönung hingegen nicht. Wenn die Geschichtswissenschaft in der Rückschau eine Krönung als die ›gültigere‹ ausweisen und damit einen gestärkten Anspruch eines Kandidaten ausmachen will, entspricht dies eher einem stark juristisch geprägten Verständnis von Geschichte als der Deutung der Zeitgenossen. Diese wiesen freilich in propagandistischer Hinsicht auf Krönungsort und Koronator hin. Diesbezüglich herrschte allerdings ein Patt zwischen Ludwig und Friedrich: Ersterer wurde gemeinsam mit seiner Frau Beatrix im traditionellen Krönungsort Aachen vom ›falschen‹ Koronator, dem Erzbischof von Mainz, gekrönt; Friedrich hingegen vom traditionellen Koronator, dem Erzbischof von Köln, aber am ›falschen‹ Ort, in Bonn. Der Konflikt um die Krone konnte weder unter Hinweis auf Ablauf oder Ausgang der Wahl noch auf den Verlauf der Krönung entschieden werden. Beide Parteien nahmen für sich das Königtum in Anspruch und hielten dem Gegner Verfahrensfehler vor.

THRONSTREIT

Klärung konnte nur die militärische Auseinandersetzung bringen; so folgte ein jahrelanger Krieg, der erst 1322 entschieden werden sollte. Auch wenn dieser nicht kontinuierliche Waffengänge auf beiden Seiten mit sich brachte, wurde er als Zeit der Unruhe empfunden. »Als so zwei Könige gewählt und gekrönt worden waren, hörte jede Ordnung auf, und der Friede wurde aller Orten empfindlich gestört; das römische Reich schien auf die Spitze des Schwertes gestellt aus den Fugen zu geraten.«[14] Der König sollte Garant für Friede und Ordnung sein – jetzt aber litt das Reich unter dem Kampf der Kontrahenten.

Der Thronstreit bestand aus einer Serie von militärischen Einzelaktionen – vor allem Belagerungen; diese wurden vornehmlich von den Thronanwärtern selbst angeführt. Friedrich erhielt tatkräftige Unterstützung durch seinen Bruder Leopold. Persönliches militärisches Engagement gehörte zum Idealbild eines mittelalterlichen Königs, und gerade im Kampf um die Krone mussten sich die Rivalen als tapfere und erfolgreiche Krieger beweisen. 1320 sollen die Truppen Ludwigs vor Straßburg den Kampf verweigert haben, weil Friedrich der Schöne sich nicht im Lager der Gegner befand. Damit wäre ein Sieg für den Ausgang des Thronstreites ohne Bedeutung gewesen. Dieser Konflikt konnte nur in der direkten Konfrontation der beiden Kandidaten entschieden werden, und so kam ihrem Verhalten – zumindest in der deutenden Rückschau der Chronisten – entscheidende Bedeutung zu.

Es gab im 14. Jahrhundert keine stehenden Heere, sondern Aufgebote, die für begrenzte Aktionen ausgehoben wurden. Daher stellt sich die Frage der Überlegenheit einer Kriegspartei für jede militärische Konfrontation neu und ist nur schwer pauschal zu beantworten. Auch wenn die zeitgenössischen Quellen immer wieder den Reichtum der Habsburger betonen, so sind die Schilderungen zu einzelnen Kampfhandlungen nicht von der erdrückenden Überlegenheit einer Kriegspartei geprägt.

Betrachtet man den Verlauf der Kampfhandlungen zwischen 1314 und 1322, so ist bemerkenswert, dass sich die Heere der Wittelsbacher und der Habsburger immer wieder gegen-

43

überstanden, ohne dass es zu einem offenen Kampf gekommen wäre. 1315 zog sich Ludwig aus dem jüdischen Friedhof von Speyer zurück, wo er mit seinen Kämpfern vor den Truppen Friedrichs Schutz gesucht hatte. 1316 trafen sich die feindlichen Heere vor der schwäbischen Stadt Esslingen. Diesmal mussten Friedrich und Leopold von Habsburg das Feld räumen, nachdem eine Schlägerei zwischen Pferdeknechten zu unkoordinierten Kampfhandlungen geführt hatte.

Zwischen diesen beiden Ereignissen fand eine Schlacht statt, die eher mittelbar mit dem Thronstreit zusammenhing, aber für den Fortgang der europäischen Geschichte von Bedeutung sein sollte: Am 15. November 1315 wurden habsburgische Truppen Herzog Leopolds I. bei Moorgarten von Schwyzer Kämpfern aus dem Hinterhalt angegriffen und in die Flucht geschlagen. Der Sieg gab dem Bündnis der drei Waldstätte Uri, Schwyz und Unterwalden Auftrieb, ein Umstand, der eine der Grundlagen der Schweizerischen Eidgenossenschaft darstellte. Diese erkämpfte sich im Laufe des 14. und 15. Jahrhunderts ihre Unabhängigkeit von den Habsburgern, und Moorgarten wurde in der schweizerischen Tradition zur ersten ›Freiheitsschlacht‹. König Ludwig unterstütze die Eidgenossen mit Privilegien und stärkte so die Feinde seines Feindes.

So wie sich die Habsburger neben Ludwig mit den Eidgenossen auseinandersetzen mussten, stand auch dieser mehreren Gegnern gegenüber: Das Verhältnis zu seinem Bruder Rudolf war nach wie vor konfliktgeladen. Die Wahl zum König hatte Ludwigs Stellung hier entscheidend gestärkt, führte aber nicht dazu, dass Rudolf sich seinem Bruder unterwarf oder ihn unterstützte. 1315 belagerte Ludwig kurzzeitig die Burg Wolfratshausen in der – freilich irrigen – Annahme, sein Bruder befinde sich dort. Rudolf hatte sich aber schon in den Westen zurückgezogen. Erst 1317 verzichtete dieser auf seinen Anteil an der Herrschaft. Ludwig sicherte ihm vertraglich zu, die Ansprüche seiner Söhne zu wahren und diese am zukünftigen Zuwachs der wittelsbachischen Herrschaft zu beteiligen.

Rudolf starb 1319, ohne dass die Querelen zwischen der pfälzischen und der oberbayerischen Linie der Wittelsbacher zu einem Ende gekommen wären. Rudolfs Witwe, Mechthild von Nassau, agierte offen für Friedrich den Schönen und entzog etwa das wittelsbachische Heidelberg dem Zugriff Ludwigs.

Dessen Situation verschlechterte sich zwischen 1319 und 1321 zusehends: Zwei Mal mied er die militärische Konfrontation und überließ Friedrich das Feld – 1319 bei Mühldorf und 1320 bei Straßburg. Diese Aktionen schadeten seiner Reputation und brachten den Habsburgern neue Unterstützer. Ludwigs Kriegführung im Thronstreit war eher von Zurückhaltung als von der Suche nach der schnellen Entscheidung geprägt: Er scheute die direkte Konfrontation und folgte damit den strategischen Konventionen seiner Zeit, die sich des hohen Risikos einer Feldschlacht immer bewusst war.

DIE SCHLACHT VON MÜHLDORF

Wie riskant es sein konnte, sich auf eine Feldschlacht einzulassen, zeigte sich am 28. September 1322 bei Mühldorf am Inn. Hier kam es zur einzigen Schlacht des ganzen Krieges. Die Habsburger waren von verschiedenen Seiten gegen Bayern vorgegangen: König Friedrich rückte von Osten über Passau vor, sein Bruder Herzog Leopold von Westen. Als Ziel dieser Aktion vermerkt die Chronik von den Taten der Fürsten, dass »wie ein Fisch im Netz, König Ludwig inmitten der beiden aufeinander zu rückenden feindlichen Schlachthaufen erdrückt werden« sollte.[15] Ludwig sammelte seinerseits seine Truppen und zog Friedrich entgegen: Bei Mühldorf trafen die Heere aufeinander, bevor sich Friedrich und Leopold vereinigt hatten. Dieser Umstand war für den Ausgang der Schlacht und die weiteren Entwicklungen danach entscheidend, denn in Mühldorf kämpfte nicht die ganze Heeresmacht der Habsburger, sondern nur der von Friedrich befehligte Teil. Dies ist weniger auf Ludwigs strategisches Geschick als auf die Ungeduld oder Unfähigkeit Friedrichs zurückzuführen. Er suchte gegen den Rat seiner Umgebung die Schlacht, bevor Leopold mit seinen Truppen eingetroffen war.

Die Kräfteverhältnisse bei Mühldorf waren daher in etwa ausgeglichen: Für Ludwig sollen 1800 Berittene gekämpft haben, für

Friedrich 1400. Die Zahl der Fußkämpfer ist nur schwer zu bestimmen, weil die zeitgenössischen Chronisten sich vorwiegend für die sozial höhergestellten – und damit berittenen – Kämpfer interessieren. Die Entscheidung für Ludwigs Seite führte das Eingreifen des Burggrafen von Nürnberg herbei, der seine Leute zunächst zurückgehalten hatte. Die Schlacht dauerte mehrere Stunden und forderte über 1000 Tote. Politisch entscheidend war neben dem Sieg Ludwigs die Gefangennahme Friedrichs des Schönen. Diesen soll der siegreiche Ludwig mit den Worten begrüßt haben: »Vetter, es freut uns, Euch hier zu sehen.«[16]

Mühldorf war sicher ein großer militärischer und politischer Erfolg für Ludwig, es ist aber sehr schwer, seinen persönlichen Anteil an der Schlacht festzumachen. Im Falle von Gammelsdorf erzählen die ihm wohlgesonnen Quellen, er habe mitgekämpft, und stellen dies als tapfer und lobenswert dar; entsprechende Berichte zu Mühldorf gibt es nicht. Die Texte, die Friedrich favorisieren, schildern vielmehr, Ludwig habe sich zurückgehalten und in einer Schar von Gefolgsleuten versteckt: Er und elf seiner Ritter hätten alle die gleichen blauen Waffenröcke mit weißen Kreuzen getragen. Dies ist ein früher Hinweis auf die bayerischen Farben Weiß und Blau, zeigt aber auch, dass die Kontrahenten durchaus um ihr Leben fürchten mussten. Friedrich soll sich hingegen deutlich als König gezeigt haben: mit Krone und Banner. Hier greifen wir vor allem Versuche, die jeweils eigene Seite in gutes und die andere in schlechtes Licht zu rücken. Bezeichnend ist jedoch, dass die pro-wittelsbachischen Quellen über Ludwigs persönlichen Anteil schweigen – vielleicht, weil es nicht viel zu berichten gab. Auch die Frage, wer für die Taktik im bayerischen Heer verantwortlich war, ist nicht zu klären. Ludwigs Ruhm als Feldherr basiert auf Siegen, die ihm als Heerführer zugerechnet werden, ohne dass damit die Frage nach seinem Einfluss beantwortet wäre.

NACH DEM SIEG: DAS DOPPELKÖNIGTUM

Vom Sieger wurde erwartet, die Nacht nach dem Kampf auf dem Schlachtfeld zu verbringen, um seine Überlegenheit deutlich zu machen. Der habsburgfreundliche Mathias von Neuenburg berichtet, dass Ludwig nach seinem Sieg nicht auf dem Schlachtfeld verweilte, weil er das nach wie vor ungeschlagene Heer Leopolds gefürchtet habe. Auch wenn dies sicherlich als Teil einer habsburgischen Geschichtsversion zu verstehen ist, die den Sieger schlecht machen will, so zeigt sich hier doch das grundlegende Dilemma für Ludwig nach Mühldorf: Er hatte Friedrich den Schönen besiegt, nicht aber die Habsburger. Leopold stand noch immer mit beachtlichen Truppen im Feld und avancierte nun zum entscheidenden Gegenspieler des Wittelsbachers. Mühldorf brachte zwar die Wende zu Gunsten Ludwigs, nicht aber die endgültige Entscheidung im Thronstreit. Ihm war es nun darum zu tun, zu einem Ausgleich mit den Habsburgern zu kommen. Er war nicht stark genug, ihnen seine Bedingungen zu diktieren, und brauchte zumindest ihr Stillhalten, um sich anderen Problemen zuwenden zu können.

Ludwigs Agieren nach Mühldorf ist auch vor dem Hintergrund der Auseinandersetzung mit der Kurie zu sehen, um die es im nächsten Kapitel gehen wird. Zunächst wurde Friedrich der Schöne auf der Burg Trausnitz in der Oberpfalz in Haft gehalten. Im März 1325 leistete er die sogenannte Trausnitzer Sühne und kam frei: Friedrich erkannte das Königtum Ludwigs an und erhielt im Gegenzug die Bestätigung seiner Reichslehen.

Nach weiteren Verhandlungen schlossen die beiden Vettern am 5. September 1325 in München einen Vertrag, der in der Forschung höchst unterschiedlich beurteilt wird. Karl-Friedrich Krieger nennt ihn »merkwürdig«[17], Michael Menzel ein »erstaunliches Zeugnis konstruktiven Bewusstseins«[18]. Ludwig und Friedrich einigten sich hier auf etwas völlig Neues, was die Verfassungsgeschichte des römisch-deutschen Reiches nicht kannte: das einvernehmliche Doppelkönigtum. Ludwig IV. und Friedrich der Schöne vereinbarten, dass sie beide als gewählte Könige das Reich gemeinsam regieren würden, es also zwei Könige nicht in Konkurrenz, sondern in Eintracht geben sollte. »Wir Ludowich und Friderich von Gots gnaden Romische chunige«[19] – so beginnt der Vertrag, der etliche Details dieser ungewohnten Konstruktion klärte: Bei gemeinsam ausgestellten Briefen, sollte mal der eine, mal der andere an erster Stelle genannt werden, es sollte ein neues Königssiegel mit beiden Namen gestochen werden, und Reichslehen sollten nur im gegenseitigen Einverständnis verliehen werden. Hier wurde eine Lösung für die Doppelwahl gefunden, welche den Konsens in den Vordergrund stellte und die habsburgischen Ansprüche berücksichtigte.

Welchem Vorbild folgte diese Lösung? Zum einen erinnert die Regelung an das Mitkönigtum, welches die hochmittelalterlichen Kaiser ihren Söhnen zusprachen, um die Herrschaft für ihre Dynastie zu sichern. Zum anderen könnte auch die wittelsbachische Tradition der Herrschaftsteilung beispielgebend gewesen sein. Seit der Mitte des 13. Jahrhundert gab es mehrere Herzöge von Bayern, die sich die Herrschaft – mal schlecht, mal recht – teilten. Sicherlich ist der Münchner Vertrag vor dem Hintergrund der Auseinandersetzungen Ludwigs mit der Kurie und seinem Bestreben um die Kaiserkrone zu sehen: Die Einigung mit Friedrich hielt ihm den Rücken frei für Aktionen in Italien.

Der Münchener Vertrag zeigt Ludwig als visionären Herrscher, der in klarer Erkenntnis seiner Möglichkeiten einen Weg fand, sich politischen Spielraum zu verschaffen. Die Idee des Doppelkönigtums hat in der deutschen Geschichte keine Nachahmer gefunden und keine Tradition entwickelt. Auch dauerte das Konstrukt nicht lange an, weil Friedrich der Schöne 1330 starb. Sein Bruder Leopold war bereits seit 1326 tot; dass die Regelung von München funktionierte, lag sicherlich auch darin begründet. Friedrich nahm die Rolle als Doppelkönig nominell wahr, ohne maßgeblichen politischen Einfluss zu entwickeln.

Mit dem Vertrag von München war der Thronstreit somit endgültig beendet und aus einer Doppelwahl ein Doppelkönigtum geworden. Dies war sicherlich ein Erfolg für Ludwig IV., der aus einer ungünstigen Ausgangslage als Gegenkandidat ins Spiel gebracht worden war und sich militärisch mit Mühe behaupten konnte. Nach 1322 nutzte er den Spielraum, den ihm der Sieg von Mühldorf eröffnet hatte, um das Reich hinter sich und dem Doppelkönigtum zu vereinen. Diesen Spielraum sollte er im Kampf mit dem Papsttum bitter nötig haben.

Herrscheralltag – Wie regierte Ludwig IV.?
Mittelalterlicher Königsherrschaft kann man sich durch den Vergleich mit modernen Strukturen nähern und zunächst festhalten, was es alles nicht gab: Ludwig stand kein Regierungsapparat zur Verfügung, mit dem er alle Teile seines Reiches erfassen konnte; es gab keine landesweit agierende Polizei, kein Gesetzblatt zur Publikation neuer Verordnungen und keine Hauptstadt. Den König umgab der Hof *(aula regia)*, eine Gruppe von Funktionsträgern unter dem Hofmeister – sie unterstützen den König bei seinen Regierungstätigkeiten. Hierzu zählten die Geistlichen der Hofkapelle, welche unter anderem die täglichen Messen lasen. Der Hofkanzlei oblag die Abfassung von Urkunden, die den Herrscherwillen dokumentieren und kommunizieren sollten. Das Hofgericht schließlich war das oberste königliche Gericht.

Königsherrschaft wurde in unmittelbarer Nähe des Herrschers wirksam: in der persönlichen Interaktion zwischen König und Untertanen. Die wichtigsten Bezugsgrößen waren dabei die mächtigen Reichsfürsten mit den Kurfürsten an der Spitze; mit diesen musste sich Ludwig ins Benehmen setzen, ihre Anliegen galt es zu berücksichtigen und gegeneinander abzuwägen. Königsherrschaft im 14. Jahrhundert funktionierte demnach nicht autoritär-absolutistisch, sondern basierte auf Konsens mit den Großen des Reiches: Solange Ludwig einen Großteil der Reichsfürsten hinter sich hatte, konnte er erfolgreich herrschen. Als diese Unterstützung in den 1340er-Jahren zerbrach, war er mit einem Gegenkönig konfrontiert.

Das Königtum Ludwigs ist dabei als Reisekönigtum zu verstehen: Er herrschte nicht von einer festen Hauptstadt aus, sondern bewegte sich in seinem Reich von einem Ort zum anderen. Er residierte in Städten, bei Bischöfen oder in Königspfalzen; so machte sich der König verfügbar für diejenigen, die Zugang zu ihm suchten,

49

und obendrein konnten die Aufwendungen für den Unterhalt des königlichen Gefolges auf viele Schultern verteilt werden.

Diese Art des Regierens erlaubt uns heute Aussagen darüber, welche Regionen des Reiches mehr oder weniger von der königlichen Herrschaft erfasst wurden. Der nördlichste Aufenthaltsort Ludwigs IV. war die Stadt Köln, der westlichste Aachen, der östlichste Wien; im Süden kam er bis nach Rom. Weite Teile des römisch-deutschen Reiches sahen ihren König Ludwig also nie: Er ist etwa nicht an die Nord- oder Ostseeküste vorgedrungen. Schwerpunkte mit wiederholten und langen Aufenthalten waren unter Ludwig Oberbayern und München und das Rhein-Main-Gebiet.

Von Zeit zu Zeit hielt König Ludwig Hoftage ab, zu denen er Fürsten an seinem Hof versammelte. Genaue definitorische Abgrenzungen sind hier schwierig: Was war Hof, was Hoftag? Alois Schmid macht für die Königszeit Ludwigs zehn Hoftage mit jeweils zwischen sieben und 39 Teilnehmern aus.[20] Für jeden Hoftag gab es einen bestimmten Anlass – wie die Verkündung des Reichsgesetzes *Licet iuris* (vgl. S. 77) oder die Verhandlung der Erbfolge in Tirol 1344 (vgl. S. 95–100). Der Personenkreis, auf den König Ludwig unmittelbar einwirkte, war also vergleichsweise klein. Dennoch waren diese Hoftage unverzichtbare Momente königlichen Regierens: Hier wurden Herrschaft sichtbar gemacht, Nachrichten verbreitet und Entscheidungen getroffen.

Die Beschlüsse von Hoftagen, aber auch etliche andere Formen des königlichen Willens wurden in Urkunden festgehalten – sie waren Schrift gewordener Ausdruck von Königsherrschaft. Die Bandbreite dessen, was in ihnen geregelt werden konnte, war groß und reichte von der Anerkennung von Schulden bei einem getreuen Gefolgsmann in der Schlacht von Mühldorf (3. März 1325) bis zum Privileg für die Deutschordensbrüder zu Nürnberg, den Markt Wolframs-Eschenbach zur Stadt zu machen (18. Dezember 1332). Unter Ludwig IV. vollzog sich ein entscheidender Wandel: Das Deutsche begann sich als Urkundensprache durchzusetzen und das Lateinische abzulösen. Erste Anstöße hatte es unter König Rudolf gegeben; man wollte den Verständnisschwierigkeiten der lateinischen Sprache bei einem Großteil der Bevölkerung entgegenwirken. Auch wenn in den Auseinandersetzungen mit der Kurie und in etlichen, etwa juristisch-gelehrten Kontexten noch immer Latein geschrieben wurde, zeigt sich hier eine Entwicklung hin zur Volkssprache. Unter Ludwig dem Bayern wurde das Reich in gewisser Weise ›deutscher‹.

5 Der Konflikt mit der Kurie (1323–1330)

Nach der Beendigung des Thronstreites kam Ludwig IV. keineswegs zur Ruhe. Vielmehr brach unmittelbar nach seinem Sieg bei Mühldorf, nämlich im Jahr 1323, ein neuer Konflikt aus, der bis zu seinem Tod 1347 andauern und seine Herrschaft überschatten sollte: der Kampf gegen die Kurie. Diese Auseinandersetzung war für Ludwig von existenzieller Bedeutung. Sie betraf seine Stellung als Christ und Anghöriger der katholischen Kirche und konnte daher mit allen Bereichen seines Lebens und allen Aspekten seines Königtums in Verbindung gebracht werden. Eine Trennung von Kirche und Staat oder ein Verständnis vom Glauben als reine Privatangelegenheit kannte das 14. Jahrhundert nicht. Ludwig war König von Gottes Gnaden und gläubiger Christ; diese beiden Sphären waren nicht voneinander zu trennen. Auch wenn nicht jeder Aspekt in seinem Leben seit 1323 von dem Konflikt mit der Kurie geprägt wurde, so konnten seine Gegenspieler sich diesen doch zu Nutzen machen. Ludwig musste ihn daher stets in seine Überlegungen einbeziehen.

URSACHEN DES STREITES

Am 23. März 1324 exkommunizierte Papst Johannes XXII. Ludwig IV. und schloss ihn damit aus der Gemeinschaft der Kirche aus, in die er bis zu seinem Tod nicht wieder aufgenommen werden sollte. Der katholischen Kirche gilt er bis heute als exkommuniziert. Wie ist es dazu gekommen? Worin liegen die Ursachen für diesen Konflikt?

Papst Johannes XXII. war im August 1316 zum Nachfolger des im April 1314 verstorbenen Clemens V. gewählt worden. Seit 1309 residierten die Päpste nicht mehr in Rom, sondern in Avignon; das Papsttum geriet im 14. Jahrhundert immer stärker unter den Einfluss der französischen Könige. Nach dem Tod Clemens V. war das Kardinalskollegium lange zerstritten und konnte sich über ein Jahr lang nicht einigen. Jacques Duèse, der sich als Papst »Johannes XXII« nannte, war ein Kompromisskandidat: Bei seiner Wahl war er schon über 70 Jahre alt, und es war nicht abzusehen, dass er die Geschicke der Kirche bis zu seinem Tod 1334 noch über 18 Jahre lenken sollte. In dieser Zeit zeigte sich Johannes als konsequenter und hartnäckiger Vertreter seiner Interessen und wenig bereit, Kompromisse einzugehen. Er zielte darauf ab, den Einfluss des Papsttums in theologischer und politischer Hinsicht auszubauen.

Der Kern des Konfliktes zwischen Johannes und Ludwig war die Frage der Approbation des römisch-deutschen Königs durch den Papst – *approbare* bedeutet ›prüfen, billigen‹ –, also das Recht zur Billigung bezüglich der Wahl des deutschen Königs.

Im Jahr 962 krönte Papst Johannes XII. den römisch-deutschen König Otto I. den Großen in Rom zum Kaiser. Seit dieser Zeit bestand eine unverbrüchliche Verbindung zwischen beiden Funktionen. Der deutsche König verstand sich als Anwärter auf das Kaisertum, der Papst als Koronator. Der Zusammenhang zwischen deutschem Königtum und Kaisertum war aus der politischen Konstellation des 10. Jahrhunderts heraus entstanden; er blieb aber auch im Spätmittelalter gültig, als die deutschen Könige weit weniger Einflussmöglichkeiten und Ressourcen hatten als die Herrscher Frankreichs oder Englands. Die enge Verbindung zwischen deutschem König- und Kaisertum zeigt sich etwa darin, dass die deutsche Volkssprache nur ein Wort für die lateinischen Begriffe *regnum* (Königreich) und *imperium* (Kaiserreich) hatte: *rîche*.

Durch die Kaiserkrönung bestand also eine spezielle Beziehung zwischen dem römisch-deutschen König und dem Papst. Aus dieser Konstellation leiteten die Päpste das Recht ab, die Eignung des zukünftigen Kaisers zu überprüfen (Idoneitätsprinzip). Daraus folgte aus päpstlicher Sicht das Anrecht, nicht nur auf die Kaiserkrönung, sondern auch auf die Erhebung zum deutschen König Einfluss zu nehmen. Dies wurde besonders bei offenen – also nicht durch Erbansprüche präjudizierten – Wahlen und im Falle konkurrierender Thronansprüche durch Doppelwahl virulent. Erhoben zwei gewählte Kandidaten Anspruch auf den Thron, konnte der Papst für sich die

Entscheidung reklamieren. Je schwächer die Position des Königs oder der Könige, desto nachdrücklicher konnte der Papst demnach seine Vorstellungen umsetzten.

Dieses päpstliche Approbationsrecht gewann unter Johannes XXII. besondere politische Dynamik. Dies lag zum einen an der Doppelwahl von 1314 und zum anderen am sogenannten Reichsvikariat: Wenn der Thron vakant war, nahm der Papst für sich in Anspruch, in den italienischen Reichsteilen als Stellvertreter des Königs zu fungieren. Dies verschaffte ihm Zugriff auf die Ressourcen Reichsitaliens. In der Verbindung von Approbationsanspruch und Reichsvikariat lag nun die politische Sprengkraft der Konstellation nach der Doppelwahl von 1314. Wenn kein Kandidat approbiert war, blieb das Reich aus Sicht der Kurie ohne rechtmäßigen Herrscher, und der Papst konnte Anspruch auf das Vikariat erheben. So erklärt sich, warum Johannes XXII. lange Zeit keiner Partei im Thronstreit den Vorzug gab; solange Ludwig und Friedrich miteinander rangen, konnte er in Italien seine Interessen ungestört durchsetzen.

Um die folgenden Ereignisse richtig einordnen zu können, ist es notwendig, zwischen den Rechtsvorstellungen der Kurie und denen Ludwigs IV. zu unterscheiden. Approbation und Vikariat waren Rechtstitel, auf welche die Päpste Anspruch erhoben. Aus der Sicht der römisch-deutschen Könige stellte sich die Sachlage freilich anders und weniger eindeutig dar: Im 13. und frühen 14. Jahrhundert war es weniger eine Frage des Rechtes als der politischen Konstellation, ob deutsche Könige das Approbationsrecht der Päpste anerkannten. Hier waren Machtmittel letztlich entscheidender als Rechtsansprüche. Die unterschiedlichen Haltungen zur Kurie zeigen sich etwa in den Wahlanzeigen von Ludwig IV. und Friedrich dem Schönen aus dem Jahr 1314. Mit diesen Schreiben gaben sie ihre Wahl zum König der Kurie bekannt – der Papstthron war zum Zeitpunkt der Wahl vakant. In Sachen Approbation unterscheiden sich die Texte dabei. So heißt es in der Wahlanzeige Friedrichs des Schönen: »Deswegen tragen wir [die Kurfürsten] Eurer Heiligkeit mit der gebührenden Ergebenheit

Verhöhnung Papst Johannes' XXII. als apokalyptisches Ungeheuer in einer zeitgenössischen Darstellung

einstimmig die Bitte vor, Ihr möget diesen Herrn Friedrich, der so ergeben und kanonisch gewählt wurde, mit den väterlichen Armen Eurer Güte aufnehmen, diese an ihm von uns kanonisch vollzogene Wahl mit gewohnter Gnade billigen *(approbare)*, ihn salben und weihen und geruhen, ihm von Euren hochheiligen Händen das Diadem des heiligen Kaisertums an günstigem Ort und zu günstiger Zeit huldvoll zuteilwerden zu lassen.«

Die diesbezügliche Passage in der Wahlanzeige Ludwigs IV. lautet hingegen folgendermaßen: »Deswegen tragen wir [die Kurfürsten] Eurer Heiligkeit demütig und ergeben einstimmig die Bitte vor, Ihr möget geruhen, diesen unseren zum Römischen König Erwählten mit den väterlichen Händen aufzunehmen, an ihm den Dienst der Salbung und Weihe zu vollziehen und ihm dabei an günstigem Ort und zu günstiger Zeit aus Euren hochheiligen Händen das Diadem des heiligen Reiches zuteil werden zu lassen.«[21]

Während die Partei Friedrichs explizit um die Approbation ersucht und damit dieses Recht des Papstes anerkennt, bitten die Wähler Ludwigs nur um die Kaiserkrönung und gehen implizit davon aus, dass ihr Kandidat der päpstlichen Approbation nicht bedarf. Wir haben es also mit unterschiedlichen Rechtsauffassungen zu tun, welche im Kern die Frage betrafen, wodurch das rechtmäßige Königtum im römisch-deutschen Reich begründet wurde.

Für die Haltung Papst Johannes' XXII. ist bezeichnend, dass er erst 1323 dezidiert in den deutschen Thronstreit eingegriffen hat – und nicht unmittelbar nach seiner Wahl 1316. An der grundsätzlichen Konstellation bezüglich Approbation und Vikariat hatte sich in diesen sieben Jahren nichts geändert; neu war nach dem Sieg Ludwigs freilich die politische Situation: Nun hatte sich ein Thronanwärter durchgesetzt und schickte sich an, seine Königsrechte auch in Italien umzusetzen. Das rief Johannes auf den Plan, der als Machtpolitiker agierte.

Interdikt

Die zwei wichtigsten Strafen, welche die Amtskirche gegen ihre Gläubigen verhängen konnte, waren Exkommunikation und Interdikt. Beide zielten im Kern darauf ab, Gläubigen den Zugang zu geistlichen Gütern, vor allem den Sakramenten zu verwehren. Für die Christen des 14. Jahrhunderts war die Kirche als heilsvermittelnde

Institution unbestritten. Man mochte sich über einzelne Details und Ausformungen der kirchlichen Lehre auseinandersetzen – im Grundsatz war die Kirche jedoch alternativlos. Umso wirkmächtiger konnten kirchliche Strafmaßnahmen sein: Mit der Exkommunikation wurde eine Person von allen kirchlichen Handlungen und Sakramenten ausgeschlossen. Dem Gebannten war der Kirchgang verboten, die Teilnahme an der Kommunion oder das Ablegen der Beichte.

Das Interdikt bezog sich hingegen nicht auf eine Person, sondern ein Territorium. Johannes XXII. und seine Nachfolger setzten diese Strafe gegen Ludwig IV. und seine Herrschaftsgebiete ein. Entscheidend war hierbei die Durchsetzbarkeit der Strafe. Die Chronik von den Herzögen Bayerns berichtet über die Städte Regensburg und Landshut, die ortsansässigen Dominikaner hätten sich zunächst an die päpstliche Anordnung gehalten und Messen nur bei geschlossenen Türen – also nicht öffentlich – abgehalten. Ludwig ging dagegen vor und schickte seinen Getreuen Konrad von Teck nach Landshut: »Als sich nämlich der Kaiser in Landshut befand, brach eines Tages der Herzog von Teck mit brennenden Fackeln in das Kloster der Predigermönche ein, gebärdete sich gar zornig und leidenschaftlich und schrie die Mönche an, sie sollten unverzüglich den Gottesdienst öffentlich absingen, wenn sie nicht wollten, dass ihre Kirche und all ihre Habe auf der Stelle in Flammen aufgingen. Und sofort begannen die Mönche, als auf diese Weise eine Entschuldigung gefunden war, ohne die päpstliche Absolution zu erwarten, den Gottesdienst öffentlich zu begehen. Schließlich erklärten auch die Dominikaner zu Regensburg, nachdem sie etwa zwanzig Jahre hinter verschlossenen Türen den Gottesdienst begangen hatten, da ihnen der Papst keine Vergünstigung erwies, ein gewisser Bischof habe ihnen Dispens erteilt, und fingen so an, den Gottesdienst wieder öffentlich zu feiern.«[22]

ANKLAGEN UND APPELLATIONEN

Am 8. Oktober 1323 ließ Johannes eine Anklageschrift gegen Ludwig IV. an die Tür des Domes in Avignon schlagen und so veröffentlichen: Ludwig habe sich auf Grund einer zwiespältigen und nicht approbierten Wahl unrechtmäßig zum König erklärt. Der Papst räumte ihm eine Frist von drei Monaten ein, um alle Herrschaftsakte zu widerrufen und sich von der widerrechtlich erlangten Würde zu distanzieren. Bei Zuwiderhandlung drohte er ihm und seinen Anhängern die Exkommunikation und das Interdikt für ihre Territorien an.

Hier wird zweierlei deutlich: Mit der uns heute so vertrauten Trennung von Kirche und Staat wird man dem 14. Jahrhundert nicht gerecht; der Papst drohte Ludwig für ein juristisch-politisches Vergehen eine Kirchenstrafe an, die wiederum nicht nur auf dessen Alltag, sondern auch auf seine Rolle als Herrscher zurückschlug: Ein Gebannter konnte nicht König sein – wenn die Exkommunikation allgemein anerkannt wurde. Jede Kirchenstrafe war auch abhängig von Bekanntheit, Durchsetzung und Akzeptanz.

Schon in diesem ersten Akt des Streites zwischen Ludwig und Johannes klingen die grundlegenden Argumente und das daraus resultierende Dilemma an. Die Anschuldigungen des Papstes waren fundamental und betrafen Ludwigs Stellung im Kern. Wenn der Wittelsbacher in dieser Situation den grundlegenden Anspruch des Papstes auf Approbation anerkannt hätte, wären damit sein mühsam errungenes Königtum und letztlich auch das Wahlrecht der Kurfürsten in Frage gestellt worden. Es konnte nicht darum gehen, eine gleichsam versäumte Approbation einfach nachzuholen. Diese anzuerkennen hätte bedeutet, sich ganz dem Willen oder der Willkür des Papstes zu unterstellen.

Ludwig reagierte zwischen Dezember 1323 und Mai 1324 mit drei Appellationen auf die Anschuldigungen und wies die päpstlichen Ansprüche zurück. Diese Texte zielen darauf ab, Johannes' Position auszuhöhlen. Ludwig wollte seine Sicht nicht vor dem Papst, sondern vor einem Konzil rechtfertigen und sah sein Königtum ausschließlich in Wahl und Krönung begründet.

Johannes XXII. seinerseits zeigte sich von Ludwigs Argumentation unbeeindruckt und vollzog die angedrohte Strafe, indem er Ludwig im März 1324 bannte. Nun ließ auch Ludwig den Streit eskalieren und beschuldigte Johannes der Ketzerei. Hintergrund hierfür war dessen Haltung im sogenannten theoretischen Armutsstreit mit Teilen der Franziskaner.

Der Armutsstreit

In Umberto Ecos Roman »Der Name der Rose« (1980) und der gleichnamigen Verfilmung mit Sean Connery (1986) bildet der Streit zwischen Vertretern des Franziskanerordens und der Kurie den Hintergrund der Kriminalhandlung. Kern dieses Streites, der in den prachtvollen Gewändern der Kurialen und den schlichten Kutten der Minderbrüder seinen Ausdruck findet, ist die Frage nach der Armut Jesu und der Kirche. Der historische Konflikt betraf zunächst den Franziskanerorden und sein Verhältnis zu Eigentum. Der von Franziskus von Assisi († 1226) begründete Orden basiert ganz wesentlich auf zwei Grundelementen: Armut und Gehorsam gegenüber dem Papst. Die Franziskaner sollten ohne weltliche Besitzungen auskommen und ihren Lebensunterhalt durch Betteln bestreiten. Dieses Konzept war enorm erfolgreich: Ende des 13. Jahrhunderts waren die Franziskaner mit etwa 30 000 Brüdern die größte Ordensgemeinschaft der Christenheit. Sie erhielten zahlreiche Spenden und Stiftungen, weil ihr asketischer Lebenswandel als gottgefällig verstanden und ihren Gebeten daher hohe Wirkkraft zugesprochen wurde. Das Armutsideal machte die Franziskaner reich.

In der Bulle *exiit qui seminat* legte Papst Nikolaus III. 1279 eine Lösung für das daraus resultierende Problem vor: Man unterschied das rechtliche Eigentum an den Gütern des Ordens von dessen Gebrauchsmöglichkeit *(usus facti)*. Eigentümer der Ordensgüter wurde die Kurie, und so waren die einzelnen Brüder und der ganze Orden juristisch gesehen arm und konnten dennoch

Geschenke entgegennehmen. Dieses Vorgehen fand nicht bei allen Ordensbrüdern Zustimmung. Die Spiritualen setzten sich für eine konsequentere Auslegung des Armutsideals ein und standen damit im Gegensatz zu der Ordensmehrheit der Konventualen. Dieser als »praktischer Armutsstreit« bezeichnete Konflikt wurde von Papst Johannes XXII. mit verschiedenen Disziplinarmitteln der Kirche (u. a. Inquisitionsverfahren) ausgetragen. 1318 wurden in Marseille vier Spirituale als Ketzer verbrannt. 1322 zwang Johannes den Orden, Besitz zu akzeptieren. Die Auseinandersetzung um diese Frage führte Anfang des 16. Jahrhunderts schließlich zur Spaltung des Ordens in Konventualen, Observanten und Kapuziner.

Für die Zeit Ludwigs IV. war hingegen der »theoretische Armutsstreit« von politischer Bedeutung. Hierbei ging es – vor dem Hintergrund der Auseinandersetzungen im Orden – um eine Glaubensfrage: Ist die Behauptung, dass Jesus und seine Jünger alleine und gemeinsam kein Eigentum besessen hätten, Ketzerei? An dieser Frage entzündete sich ein erbittert geführter Streit zwischen Papst Johannes und Teilen des Franziskanerordens. Michael von Cesena, Generalminister seit 1316, hatte zunächst an der Seite des Papstes gegen die Spiritualen agiert. Nun stand aber die traditionelle Auffassung des Ordens bezüglich der Armut Christi zur Debatte. Michael stellte sich gegen die Kurie und bezichtigte Johannes XXII. der Ketzerei. Der päpstlichen Jurisdiktion entzog er sich durch Flucht aus Avignon 1328. Johannes exkommunizierte ihn und andere seiner Mitstreiter; diese stellten zwar eine Minderheit im Franziskanerorden dar, ihre Stimme war aber von propagandistischer Bedeutung, weil sie sich in die Obhut Ludwigs IV. begaben. Fortan stellten sie ihre intellektuellen Fähigkeiten und Anschuldigungen gegen Johannes XXII. auch in den Dienst Ludwigs. Michael von Cesena starb 1342 in München, ohne dass es zu einer Einigung mit der Kurie gekommen wäre.

»LUDWIG DER BAYER« – ÖFFENTLICHKEIT UND PROPAGANDA

Ein sprechendes Zeichen für die verschiedenen Eskalationsstufen des Konfliktes sind die Bezeichnungen, welche die Kontrahenten füreinander wählten. Für Johannes war Ludwig nicht König, sondern nur zum König gewählt und demnach lediglich Herzog von Bayern. In der Appellation von Sachsenhausen vom Mai 1324 sprach sich Ludwig »gegen Johannes XXII., der sich Papst nennt, dass er ein Feind des Friedens ist«[23], aus. Am 3. April 1327 ging Johannes so weit, Ludwig auch das Herzogtum Bayern abzuerkennen: Aus dem *dux Bavarie* wurde nun *Ludovicus de Bavaria*, also Ludwig aus Bayern oder Ludwig der Bayer.

Damit waren alle wesentlichen Argumente ausgetauscht. Innerhalb weniger Monate nach der Schlacht bei Mühldorf hatte sich der Streit um die Approbation zu einem fundamentalen Konflikt ausgeweitet, in dem sich beide Parteien die Amtsberechtigung absprachen. Eine argumentative Lösung oder ein Kompromiss war nicht in Sicht, weil damit die Aufgabe der Grundpositionen einhergegangen wäre.

Daher verlagerte sich der Streit von der Ebene der Argumente mehr und mehr auf die der Propaganda und des politischen Agierens. Dabei ging es zunächst darum, die eigene Position einer möglichst breiten Öffentlichkeit zugänglich zu machen. Die Prozesse und Appellationen konnten nur dann eine politische Wirkung entfalten, wenn die wichtigen Entscheidungsträger von ihnen Kenntnis hatten. So forderte Johannes XXII. in einem Brief vom April 1324 den Bischof von Straßburg auf, trotz des Widerwillens des Straßburger Magistrats für die Veröffentlichung der Prozesse gegen Ludwig Sorge zu tragen.

Aus dem Jahr 1329 ist uns ein Schreiben Ludwigs an die Stadt Speyer erhalten, das die Vielschichtigkeit der Argumentation erhellt. Im Kern geht es darum, die Veröffentlichung der päpstlichen Prozesse zu verhindern: »Und so bitten wir [Ludwig] [...] – und wir verbinden damit die Autorität unserer hohen Würde –, dass Ihr [die Stadt Speyer], wenn Ihr unserer

Majestät jemals gefallen wollt, künftig keine Prozesse, die man wahrhaftig Exzesse nennen müsste, [...] dieses allerbösesten Erzketzers, der erstens Gott und dann allen Völkern verhasst ist – wir meinen den genannten Jakob [Papst Johannes XXII.] – gegen unsere kaiserliche Milde [...] in Eurer Stadt [...] veröffentlichen lasst.«[24]

Ludwig greift den Papst auf verschiedenen Ebenen an: Er spricht ihm sein Amt ab und nennt ihn bei seinem Taufnamen ›Jakob‹. Diese Bezeichnung stellt das Äquivalent zum Schimpfnamen ›der Bayer‹ dar. Darüber hinaus bezeichnet Ludwig den Papst als Erzketzer. Die kurialen Prozesse hätten diesen Namen nicht verdient und werden als ›Exzesse‹ diffamiert. Und dennoch bittet Ludwig die Stadt Speyer, deren Veröffentlichung zu verhindern. Das erscheint ein Stück weit unlogisch: Wenn den Schreiben eines Ketzers ohne Amt ohnehin keine Bedeutung zukommt, warum soll man dann ihre Veröffentlichung verbieten? Hier klaffen rechtliche und politisch-propagandistische Überlegungen auseinander. Es geht immer auch darum, die öffentliche Meinung zu beeinflussen; in diesem Sinne sucht Ludwig die Veröffentlichung zu untersagen und gleichzeitig den Eindruck zu vermeiden, die päpstlichen Prozesse hätten eine Berechtigung.

Auch andere Maßnahmen zielten in diese Richtung: Aus dem Jahr 1330 ist eine Anweisung Ludwigs überliefert, alle Kleriker, die sich an das vom Papst verhängte Interdikt hielten und keine Messe feierten, gefangen zu setzen. Auch hintertrieben Ludwigs Anhänger aktiv die Publizierung der päpstlichen Urteile gegen Ludwig, indem sie etwa Boten einschüchterten.

Trotz der Exkommunikation und des Interdikts lebte Ludwig weiterhin als Christ: So feierte er etwa regelmäßig die Messe und empfing die Kommunion. Im Wechselspiel von Glaube, Kirchenrecht, Politik und Macht fanden sich immer Geistliche, die den Anweisungen aus Avignon nicht Folge leisteten. So wurden auch für den gebannten Ludwig Messen gelesen, und es wurde für sein Seelenheil gebetet.

LUDWIG BRINGT DAS REICH HINTER SICH

Auf politischer Ebene entfaltete Ludwig in den 1320er-Jahren eine Reihe von Aktivitäten gegen den Papst, die ihn als gewieften Machtpolitiker zeigen. Sein erstes Ziel war es, die Reichsfürsten hinter seiner Linie und damit gegen den Papst zu vereinen. Der Ansatzpunkt dazu war das Wahlrecht der Kurfürsten, das durch den päpstlichen Anspruch bedroht war. Diese Konstellation sollte sich für die Reichsgeschichte als folgenschwer erweisen und Ludwig zunächst Handlungsspielräume eröffnen. Zu seinen Aktionen gehörte der schon besprochene Vertrag von München, und dann – auf dieser Einigung mit den Habsburgern aufbauend – eine überraschende Offerte an den Papst im Jahr 1326: Ludwig bot an, auf den Königsthron zu verzichten, wenn an seiner Stelle Friedrich der Schöne vom Papst akzeptiert würde.

Dieses Angebot brachte den Papst in Zugzwang und bestärkte die Kurfürsten, weil ihr Wahlrecht damit anerkannt wurde und Ludwig sich als einsichtiger Herrscher präsentierte, der sein persönliches Schicksal dem Wohl des Reiches unterordnete. Johannes konnte auf dieses Angebot unmöglich eingehen, da er in der Logik seiner eigenen Beschlüsse gefangen war – und Ludwig wusste das: Friedrich der Schöne hatte sich mit dem Ketzer Ludwig vertraglich geeinigt und kam so für den Papst als König nicht in Betracht. Was in der päpstlichen Logik konsequent war, erschien in der öffentlichen Meinung des Reiches als hartherzig. Papst Johannes hatte sich dem Kompromissvorschlag Ludwigs verweigert, oder anders gesagt: Ludwig hatte ihn ausmanövriert und sich so die Zustimmung der Reichsfürsten gesichert.

Ludwig und die Intellektuellen

Ludwigs Konflikt mit Johannes XXII. überschnitt sich mit der Auseinandersetzung zwischen Letzterem und einigen bedeutenden Intellektuellen wie etwa Marsilius von Padua, Wilhelm von Ockham, Michael von Cesena und Bonagratia von Bergamo. Alle sind für die Geistesgeschichte des 14. Jahrhunderts – etwa auf Grund ihrer verfassungstheoretischen Überlegungen – von großer Bedeutung, und alle haben sich über Jahre im Umfeld Ludwigs des Bayern aufgehalten, sei es in München oder in Italien während des Romzuges. Aus diesem Umstand ist oftmals geschlussfolgert worden, Ludwig habe so etwas wie einen intellektuellen Beraterstab um sich geschart, der ihm die Auseinandersetzung mit der Kurie auf Augenhöhe ermöglicht habe.

München als intellektuelles Zentrum Europas? Hier ist einige Vorsicht geboten. Das einigende Moment zwischen Ludwig und den genannten Denkern war ihre Opposition zu Johannes XXII. Diese hatte jedoch ganz unterschiedliche Gründe: Bei den Franziskanern Michael und Bonagratia war der Streit um die Armut Christi maßgeblich (vgl. S. 59–60), Wilhelm von Ockham, ebenfalls Franziskaner, war über eine theologische Frage zur Möglichkeit der diesseitigen Gottesschau in Opposition zur Kurie geraten, und Marsilius wegen seiner säkularen Staatsauffassung. Alle waren gebannt worden und suchten sich dem Zugriff der Papstkirche zu entziehen. Wo sollte dies besser gelingen als beim mächtigsten Gegenspieler des Papstes, dem gebannten Kaiser?

Ludwig bot diesen Denkern Schutz und machte sich gelegentlich ihre Argumentationen zu Nutzen. Ihr konkreter Einfluss auf seine Politik war aber eher gering; je nach politischer Wetterlage nutzte er ihr Potenzial oder verdonnerte sie zum Schweigen. Ludwigs Verdienst um die europäische Geistesgeschichte bestand demnach vor allem darin, diesen Intellektuellen Sicherheit und die Möglichkeit zum Arbeiten geboten zu haben. Ein von papstfeindlichen ›Spin-Doctors‹ gesteuerter Kaiser war er sicherlich nicht.

ROMZUG UND KAISERKRÖNUNG

Damit war der Boden bereitet für einen weiteren Schritt: Romzug und Kaiserkrönung. Im Januar 1327 brach Ludwig auf: Sein persönliches Erscheinen in Italien und die Krönung zum Kaiser standen zum einen in der Tradition der römisch-deutschen Könige des Mittelalters. Sein Vorgänger, der Luxemburger Heinrich VII., war am 29. Juni 1312 zum Kaiser gekrönt worden und hatte damit an hochmittelalterliche Traditionen angeknüpft. Seit Otto dem Großen waren von 24 römisch-deutschen Königen 13 zum Kaiser gekrönt worden. Italien war Teil des Reiches – und Italienpolitik damit integraler Bestandteil des römisch-deutschen Königtums. Zeitpunkt und Art des Kaiserkrönung Ludwigs rücken diese aber auch in den Kontext seiner Auseinandersetzungen mit dem Papst. Das Kaisertum brachte in erster Linie Prestige – weniger realen Machtzuwachs – und stärkte die Stellung Ludwigs gegenüber Johannes XXII. In Anbetracht der Auseinandersetzungen mit der Kurie war der herkömmliche Weg zur Kaiserkrone freilich versperrt. Eine Krönung durch den Papst oder einen von ihm beauftragten Legaten kam nicht in Frage. Ludwig musste andere Wege gehen.

Über die Begründung und den Ablauf der Kaiserkrönung ist in der Forschung viel debattiert worden. Man hat hier so etwas wie ein Volkskaisertum mit vordemokratischen Zügen erblicken wollen und Ludwig zu einem Vorreiter einer modernen Zeit gemacht. Als Kaiser von Volkes Gnaden habe er die Idee der Volkssouveränität in die Tat umgesetzt. Grundlage für diese Interpretation sind zum einen moderne Vorstellungen von einem Staatsvolk und der Wunsch, Traditionen zu stiften. Zum anderen finden sich in der Umgebung Ludwigs des Bayern Anknüpfungspunkte für ein säkulares Staatsverständnis. Der Pariser Magister Marsilius von Padua hatte in seinem 1324 veröffentlichen Werk *Defensor pacis* (Verteidiger des Friedens) ein Staatsmodell vorgestellt, in dem Herrschaft auf der Zustimmung der Untertanen basierte und die Kirche sich ausschließlich um die Religion zu kümmern hatte. Der Papst war in diesem Denken klar dem Kaiser untergeordnet. Auch wenn Ludwig und sein Umfeld diese Gedanken sicherlich kannten – Marsilius hielt sich seit seiner Flucht vor der Inquisition 1326 in Ludwigs Umgebung auf –, so darf man diesen Text doch nicht als Leitfaden seiner Politik missverstehen. Er gründete sein Kaisertum vielmehr – ganz im Einklang mit seiner bisherigen Politik – auf die Wahl durch die Kurfürsten und die Idee des Gottesgnadentums. Damit war klar, dass seine Krönung nicht der Zustimmung durch einen Papst bedurfte. Ludwig IV. berief sich aber nicht auf die Erhebung durch das römische Volk – seine Krönung war »kein staatsphilosophischer Akt, sondern ein antipäpstlicher«[25]. Entscheidend für Ludwig war es, sein Kaisertum ohne den Papst und mit den Kurfürsten zu begründen. Die ihm wohlgesonnene Stimmung der stadtrömischen Bevölkerung war dabei eher von situativer Bedeutung als strukturell ausschlaggebend.

DIE KAISERKRÖNUNG

Dieses Verständnis spiegelt sich auch im Krönungsakt am 17. Januar 1328 selbst. Lange ging man davon aus, Ludwig sei von einem Vertreter der Stadt Rom, Sciarra Colonna, gekrönt worden. Ein Blick in eine zeitnahe Chronik deutet aber in eine andere Richtung: »Darauf ließ sich also der Baier zum Kaiser krönen und zwar, in Abwesenheit des Papstes und dessen Kardinäle, von Schismatikern und Gebannten, nämlich dem Bischof von Venedig […] und dem Bischof von Aleria.« So berichtet Giovanni Villani aus Florenz, der Ludwig keineswegs wohlgesonnen war. Und dennoch gesteht er zu, dass sich bei der Krönung kein Mangel fand – »abgesehen von der üblichen Benediktion und Konfirmation des Papstes«[26]. Gerade die kritische Haltung des Chronisten gegenüber Ludwig IV. verleiht dieser Aussage Gewicht; es steht nicht zu erwarten, dass ein Gegner des Wittelsbachers weitere Abweichungen von der tradierten Norm verschwiegen hätte.

Hier stellt sich zudem die Frage, was man sich 1328 unter einer traditionellen Kaiserkrönung vorstellen sollte. Die Krönung Heinrichs VII. im Jahr 1312 wurde von päpstlichen Legaten durchgeführt – und zwar nicht im Petersdom, dem üblichen Ort, sondern in der Lateranbasilika. Vor Heinrich war der Staufer Friedrich II. 1220 zum Kaiser gekrönt worden – das lag bei der Krönung Ludwigs über 100 Jahre zurück. Bernd Schneidmüller hat jüngst darauf hingewiesen, dass wir nicht von einer allgemein verbreiteten und klar umrissenen Vorstellung einer ›richtigen‹ Kaiserkrönung ausgehen sollten.[27]

Ludwig bewegt sich durchaus in als traditionell deutbaren Bahnen, wenn er sich von Bischöfen krönen ließ. Dass diese im Streit mit ihrem Papst lagen und exkommuniziert waren, war in der politischen Situation begründet. Die völlige Loslösung der Kaisererhebung vom Papsttum war freilich neu und radikal. Ludwig reduzierte die Rolle der Kirche auf die Zeremonie, konstitutiv für das Kaisertum war der Wahlakt der Kurfürsten. Ludwig »ließ die Geistlichen nur noch singen und Weihrauch schwenken.«[28]

Damit wandte er sich nicht von der Kirche und dem Papsttum als Institutionen ab; er befand sich vielmehr im Konflikt mit Johannes XXII. Dies zeigt sich auch daran, dass er nach seiner Kaiserkrönung die förmliche Absetzung Johannes' betrieb und mit dem Franziskaner Petrus von Corvaro einen neuen Papst wählen ließ, der sich Nikolaus V. nannte. In diesem Vorgang offenbarte sich die Bedeutung des Kaisertums für Ludwig in der Auseinandersetzung mit Johannes. Die Absetzung des Papstes erfolgte aus kaiserlicher Autorität heraus und mit Hinweis darauf, dass Johannes das Wahlrecht der Kurfürsten geschmäht habe. Von Nikolaus ließ sich Ludwig an Pfingsten 1328 dann noch einmal in einer aufwändigen Zeremonie weihen. Dieser Akt hatte aber ausschließlich zeremonielle Bedeutung: Sein Kaisertum datierte Ludwig nach der ersten Krönung im Januar. Kirche und Papsttum waren bei Ludwigs Kaiserkrönung lediglich für den zeremoniellen Rahmen zuständig.

REAKTIONEN AUF DIE KAISERKRÖNUNG

Natürlich erkannte Johannes XXII. Ludwigs Kaisertum, seine eigene Absetzung und Nikolaus V. nicht an. Für ihn blieb Ludwig ›der Bayer‹. Nach dessen Abzug aus Rom konnte sich Nikolaus nicht lange halten: Schon 1330 trat er zurück und unterwarf sich Johannes in Avignon. Ludwigs Kaisertum aber hatte Bestand und fand Anerkennung. Dies schlug sich nicht nur in der Reaktion seiner Zeitgenossen nieder, mit denen sich das nächste Kapitel beschäftigen wird; auch die moderne Geschichtswissenschaft bezeichnet Ludwig als Kaiser und folgt damit seiner Auffassung der Ereignisse.

Die Rückkehr nach Deutschland nach der Kaiserkrönung zog sich lange hin. Im Februar 1330 erreichte Ludwig wieder heimischen Boden. Die Nachricht vom Tod seines Mitkönigs Friedrich im Januar 1330 mag die Heimreise beschleunigt haben: Es galt die Verhältnisse im Reich zu ordnen. Nach Italien sollte Ludwig nicht mehr zurückkehren. Das Kaisertum brachte ihm weniger realen Einfluss als einen Prestigevorsprung im Kampf mit der Kurie. Als Kaiser wandte er sich nun der Reichsregierung und seiner Hausmacht zu. Die Auseinandersetzungen mit der Kurie begleiteten ihn dabei auch über den Tod seines ersten Gegenspielers hinaus: Die Kaiserkrone stellte für alle Annäherungsversuche zwischen Ludwig und den Päpsten ein zusätzliches Hindernis dar. Auch die Nachfolger von Johannes XXII. wollten dieses aus ihrer Sicht unrechtmäßige und unerhörte Kaisertum nicht anerkennen, Ludwig seinerseits von dieser Würde nicht lassen. Sein Prestigegewinn verhärtete die Fronten.

6 Ludwig der Kaiser: Europa und das Reich (1330–1338)

Bislang wurde der Streit zwischen dem Wittelsbacher, den wir nun entweder »Kaiser Ludwig« oder »Ludwig den Bayern« nennen können, und Johannes, den wir entweder als Papst oder Ketzer begreifen können, als Konflikt zwischen zwei Parteien dargestellt. In diesem Kapitel gilt es nun, den Horizont zu weiten und zusätzliche Akteure in den Blick zu nehmen. Dazu soll Ludwigs Agieren in die europäische Politik eingebunden werden. Hinzu kommt die Rolle der Kurfürsten, die sich mehr und mehr als eigenständige Akteure profilierten. Im Zentrum steht die Entwicklung der Reichsverfassung, die vor allem im Jahr 1338 nachhaltige Impulse erhalten hat. Die hier angelegten Veränderungen stellen das reichsgeschichtliche Erbe Ludwigs dar und sind nur vor dem Hintergrund des Konfliktes mit den Päpsten verständlich.

DIE KÖNIGE VON FRANKREICH

Entscheidend für die Auseinandersetzung des Bayern mit dem Papsttum war dessen Verhältnis zu Frankreich. Die französischen Könige hatten im Laufe des 13. Jahrhunderts eine dominierende Stellung in Frankreich und Europa erlangt. Anders als der römisch-deutsche König verfügten sie über direkten Zugriff auf große Teile ihres Königreiches, eine funktionierende Verwaltung und mit Paris über eine Hauptstadt. Waren es im Hochmittelalter noch die römisch-deutschen Könige und Kaiser aus dem Geschlecht der Staufer gewesen, die sich mit dem Papsttum um den Vorrang in der Welt stritten, nahmen in der ersten Hälfte des 14. Jahrhunderts die Könige von Frankreich diese Rolle ein. Sie verstanden sich als ›Kaiser in ihrem Reich‹ und duldeten keine Einmischung von außen – nicht durch die Kurie und schon gar nicht durch den römisch-deutschen König und Kaiser. Besonders augenfällig wurde der französische Einfluss auf das Papsttum durch die Verlagerung der Kurie nach Avignon 1309 und die Reihe französischer Päpste von 1305 bis 1378. Alle

Kirchenoberhäupter, mit denen sich Ludwig der Bayer auseinandersetzen musste – Johannes XXII., Benedikt XII. und Clemens VI. –, waren gebürtige Franzosen. Schon beim ersten Vorgehen Johannes' XXII. 1324 ist französischer Einfluss greifbar: An der Kurie gab es Gerüchte, der Papst handele auf Drängen des französischen Königs Karl IV. Für die französischen Monarchen war das Vorgehen der Kurie gegen Ludwig ein Weg, Einfluss und Ansehen des deutschen Königs zu schwächen. Das verschaffte ihnen Handlungsoptionen sowie die Möglichkeit, Kandidaten aus der eigenen Dynastie für die deutsche Krone ins Spiel zu bringen. Letzteres blieb zwar ohne Erfolg, dafür funktionierte die Einflussnahme auf den Konflikt umso besser.

Dies zeigte sich etwa in den 1330er-Jahren: Der Kontakt zwischen Ludwig und der Kurie ist in dieser Zeit nie abgerissen. In den Jahren 1330, 1331 und 1333 erfolgten Versöhnungsversuche, die aber alle letztlich an der Frage der Rechtmäßigkeit von Ludwigs Königtum scheiterten. Nach dem Tod Johannes' XXII. wurde im Dezember 1334 ein neuer Papst gewählt: Benedikt XII. Dieser trat deutlich konzilianter auf als sein Vorgänger, und so eröffnete sich zwischen 1335 und 1337 eine echte Chance auf Versöhnung. Die Gesandtschaften Ludwigs konnten dessen Bußfertigkeit glaubhaft machen, und der Papst war geneigt, den Konflikt und damit auch das Interdikt im Reich zu beenden. Dies kollidierte aber mit den Plänen des französischen Königs Philipp VI. Seine Boten machten dem Papst unmissverständlich klar, dass er keine Versöhnung wünschte, und Benedikt fügte sich: Ludwig müsse sich vorbehaltlos der Gnade der Kurie unterwerfen und König- und Kaisertitel ablegen. Damit waren die Verhandlungen gescheitert.

KÖNIG EDUARD III. VON ENGLAND – REICHSVIKAR

Damit sind wir bei einem weiteren europäischen Aspekt in Ludwigs Herrschaft angekommen: seiner Rolle im sogenannten Hundertjährigen Krieg zwischen England und Frankreich (vgl. S. 72–73). Dieser Konflikt stellt eine grundlegende Konstante in der europäischen Geschichte des Spätmittelalters dar und hatte

Die Krönung Eduards III. zum König von England (1327). – Illustration einer Handschrift aus dem frühen 14. Jahrhundert gravierende Auswirkungen auf alle Ebenen europäischer Politik. Die strategische Logik dabei war das Motto »Der Feind meines Feindes ist mein Freund«, was Europa in zwei Lager spaltete. Ludwig versuchte in der zweiten Hälfte der 1330er-Jahre, sich diese Logik zu Nutzen zu machen – mit wechselndem Erfolg.

Für den englischen König Eduard III. war Ludwig ein attraktiver Bündnispartner. Dies lag nicht an seiner militärischen oder finanziellen Stärke, sondern daran, dass der König und Kaiser des römisch-deutschen Reiches ihm eine Legitimation für sein Vorgehen verschaffen konnte. Eduard wollte seine militärischen Aktionen gegen Frankreich mit Unterstützung einiger Reichsfürsten im Nordwesten des Reiches, also an Frankreichs Ostgrenze, durchführen. Diese Fürsten agierten aus regionalen Machtinteressen heraus und entschieden weitgehend selbstständig über ihr Vorgehen. Dennoch suchte Eduard nach einer Möglichkeit, dieses Bündnis rechtlich abzusichern: 1338 ernannte Ludwig ihn zum Reichsvikar, also zu seinem Stellvertreter. Dies war ein ungewöhnlicher Vorgang, weil Ludwig ja im Reich weilte und es daher eigentlich keiner Stellvertretung bedurfte. Eduard versprach dem Wittelsbacher dafür – und für seine aktive Teilnahme an einem Feldzug gegen Frankreich – erhebliche Geldzahlungen. Die feierliche Einsetzung in das Vikariat fand auf einem Hoftag in Koblenz statt, den man sicherlich als Höhepunkt der Herrschaft Kaiser Ludwigs IV. ansehen kann. Dazu trugen neben dem Erscheinen des englischen Königs, der damit das Kaisertum Ludwigs anerkannte, die Entwicklungen im Reich bei.

Der Hundertjährige Krieg

Seit dem 12. Jahrhundert gab es eine Konstante in der Politik der europäischen Mächte: die Gegnerschaft zwischen den Königreichen England und Frankreich, die sich an den Besitzungen des englischen Königs in Frankreich entzündete. Englische Könige waren unter anderem auch Herzöge in Aquitanien (rund um Bordeaux) und Grafen von Ponthieu (nordwestlich von Paris). Diese Doppelrolle brachte Probleme mit sich: Die französischen Könige zielten darauf ab, ganz Frankreich unter Kontrolle zu bringen, und die Könige von England sahen sich in ihrer Souveränität beeinträchtigt.

Nachdem dieser Konflikt über Jahrhunderte immer wieder auch militärisch ausgetragen worden war, begann in der Zeit Ludwigs IV. 1337 das, was die Wissenschaft seit dem 19. Jahrhundert den »Hundertjährigen Krieg« nennt. Zum Streit um Herrschaft und Land kam nun ein dynastischer Aspekt: König Eduard III. beanspruchte die französische Krone für sich – er war ein Neffe des verstorbenen Königs Karl IV. Der französische Adel entschied sich aber für Philipp von Valois, einen Cousin Karls. Durch die konkurrierenden Erbansprüche wurde der territoriale Konflikt dynastisch aufgeladen; dies machte eine Kompromisslösung schwierig.

Der Krieg wogte über lange Jahre hin und her und wurde immer wieder von langen Phasen des Friedens unterbrochen. Letztlich setzten sich die deutlich überlegenen Ressourcen des größeren und bevölkerungsreicheren Frankreich durch. Der Hundertjährige Krieg erfasste nicht nur England und Frankreich, sondern ganz Europa. Beide Kriegsparteien suchten beständig Verbündete: So stand etwa Schottland auf der Seite Frankreichs gegen England, und auch Ludwig IV. versuchte, sich die Dynamik zu Nutzen zu machen. Zunächst paktierte er mit Eduard gegen Frankreich, dann wieder mit dem französischen König Philipp gegen England.

Sein Engagement war für den Fortgang des Krieges letztlich ohne Belang: Am Ende, im Jahr 1453, waren die Engländer beinahe vollständig aus Frankreich vertrieben; nur die Hafenstadt Calais blieb bis 1558 englisch.

1338: DAS REICH GEEINT GEGEN DEN PAPST

Das Jahr 1338 sah eine ganze Reihe reichsgeschichtlich gewichtiger Versammlungen und Erlasse. Die harte Haltung des Papstes einte Reich und König: Nach dem Scheitern der Verhandlungen im Jahr 1337 war es zu einer Art Solidaritätsbewegung im Reich gekommen. Im März 1338 schickten eine Reihe deutscher Bischöfe ein Schreiben an Papst Benedikt mit der Bitte, »Herrn Ludwig von Bayern«[29] wieder in die Kirche aufzunehmen. Durch den Streit und das Interdikt sei vielen Gläubigen im Reich großer Schaden entstanden, und Ludwig sei bereit, sich einem bischöflichen Urteil zu unterwerfen. Diese Bitte ist als Solidarität der Bischöfe mit ihrem König zu lesen. Zwar formulieren sie vorsichtig und verzichten darauf, seine Titel zu verwenden, in der Sache üben sie aber Druck auf die Kurie aus: Ludwig sei willens, sich dem Urteil der deutschen Bischöfe zu stellen; an diesem Punkt ist von der Kurie nicht die Rede.

Wesentlich deutlicher wird ein Schreiben etlicher deutscher Reichsstädte vom Mai 1338. Auch sie bitten beim Papst für Ludwig, beziehen aber eindeutig Position in der Sache: Sie bezeichnen Ludwig als »unseren hocherlauchten Fürsten und Herren, [...] römischen Kaiser«[30] und führen aus, dass nach deutscher Tradition allein die Wahl durch die Kurfürsten und die Krönung in Aachen den König legitimierten. Die starre Haltung der avignonesischen Kurie erzeugte eine antipäpstliche Stimmung im Reich und ebnete so – ungewollt – den Weg zu einem Rechtsverständnis, das die Approbationsansprüche des Papstes bei der Königswahl zurückwies.

Ebenfalls im Mai 1338 veröffentlichte Kaiser Ludwig eine Verlautbarung, die seinen Standpunkt noch einmal deutlich machen sollte – gegenüber Kurie und Reichsfürsten. Nach ihren Anfangsworten wird sie als *Fidem catholicam* (katholischer Glaube) bezeichnet. In ausführlichen juristischen Argumentationen wird die Rechtmäßigkeit des päpstlichen Vorgehens bestritten und gleichzeitig die Rechtsauffassung betont, dass das Kaisertum nicht der Vermittlung durch den Papst bedürfe; es wird allein aus der Wahl der Kurfürsten und der Gnade Gottes begründet.

Gläubiger Ludwig?

Moderne Leser/innen mag angesichts der Auseinandersetzungen Ludwigs mit der Kurie folgende Frage um-
treiben: War Ludwig IV. ein gläubiger Christ? Die Antwort darauf müsste lauten: Er lebte im 14. Jahrhundert.
Der Glaube an Gott und die Heilsvermittlung durch die
Kirche gehörten sicherlich zu den unhinterfragten
Grundlagen seines Lebens. Frömmigkeit ist weniger als
eine Frage der persönlichen Entscheidung zu verstehen,
sondern als Teil eines typischen Verhaltensmusters –
zumal für einen König.

In diesem Sinne sind die Eingangsworte des oben ange-
führten Dokumentes – *Fidem catholicam* – Ausdruck eines zeittypischen Selbstverständnisses: »An den katholischen Glauben, den die heilige Mutter, die katholische
Kirche, außerhalb deren niemand selig ist, in den Glau-
bensbekenntnissen, Konzilien und Traditionen dieser
hochheiligen Kirche selbst lehrt und innehält, glauben
wir fest und bekennen uns treu und lauter dazu.«[31]

Mit zunehmender Dauer der Exkommunikation und
eventuell auch im Angesicht des eigenen Alters hat Ludwig immer wieder Vorstöße zur Lösung des Konfliktes
unternommen; dies wird mit seiner Sorge um sein Seelenheil in Verbindung gebracht. Als letzte Worte des
sterbenden Kaisers ist folgende Fürbitte an die Gottes-
mutter Maria überliefert: »suezze künigin, unser frawe,
bis pei meiner schidung [Hinscheiden/Tod].«[32]

Auch wenn dieser Ausruf keineswegs authentisch sein
muss und andere Quellen andere letzte Worte überlie-
fern, so zeigt sich hier doch, dass man den Kaiser als
gottesfürchtigen Mann präsentieren konnte – und das
nicht trotz, sondern gerade angesichts seiner Exkommunikation.

VON RHENSE NACH KOBLENZ

Bischöfe, Reichstädte und einige kleinere Adlige hatten sich im Frühjahr 1338 also gegenüber dem Papst für Ludwig ausgesprochen. Doch es fehlte noch eine Stellungnahme der Kurfürsten. Diese erfolgte am 16. Juli in Rhense (bei Koblenz am Rhein) und ist in mehrfacher Hinsicht bemerkenswert: Die Kurfürsten kamen hier ohne den König zusammen – Ludwig weilte auf der anderen Rheinseite in Lahnstein. Sie beteuerten, aus Sorge um das Reich zu handeln, und bekundeten, dass »das heilig Römisch rich an seinen eren, rechten und guten und auch wir an unsern eren, rechten, gewonheiten und friheiten, die wir von dem vorgenanten riche han, sere zu disen ziten und auch vor angriffen, bekrenkt und beswert seint und werden«[33]. Die Kurfürsten werden hier erstmals in der deutschen Geschichte als Gremium greifbar, das auch jenseits der Königswahl Verantwortung für das Reich übernimmt. Von Rhense aus lässt sich eine Entwicklungslinie zur dualistischen Reichsverfassung im Spätmittelalter und in der Früher Neuzeit verfolgen.

Die Kurfürsten bekräftigten also ein Bündnis zum Wohl des Reiches und äußerten sich in diesem Kontext auch zur Königswahl: »Nachdem von den Kurfürsten des Reiches oder von der Majorität der Fürsten, auch in Zwiespaltigkeit, einer zum römischen König erwählt ist, bedarf er keiner Nominierung, keiner Approbation, keiner Bestätigung, keiner Zustimmung oder Autorität des apostolischen Stuhles zur Verwaltung der Güter und Rechte des Reiches oder zur Annahme des Königstitels.«[34] Die Kurfürsten pochten auf ihr Wahlrecht und wiesen in klaren Worten jede Einmischung der Kurie zurück. Sie taten dies aber – und das ist für die Beurteilung des Kurvereins von Rhense entscheidend – ohne Bezugnahme auf Ludwig und sein Kaisertum. Die Kurfürsten positionierten sich eindeutig im schwelenden Konflikt: gegen den Papst und für das Wahlrecht – aber nicht zwingend für Ludwig und sein Kaisertum. Sein Name wird im Weistum über die Königswahl nicht erwähnt. Die Kurfürsten äußerten sich nur zu ihren Belangen und wiesen den Papst diesbezüglich zurück. Darüber hinaus stellt das Rhenser Weistum die erste reichsrechtlich relevante Verordnung dar, in der das Mehrheitsprinzip bei der Königswahl festgeschrieben wurde. In den Augen der Königswähler sollte König sein, wer mindestens vier Kurstimmen auf sich vereinigen konnte. Man hatte also aus der Doppelwahl von 1314 gelernt.

Form und Inhalt des Rhenser Weistums konnten Ludwig nicht zufriedenstellen. Bezüglich der Königswahl ist inhaltlich kein Dissens zwischen dem König und den Kurfürsten festzumachen. In seinen Augen war es aber erstrebenswert, die entsprechenden Feststellungen als königliches Reichsgesetz zu fassen und auf das Kaisertum auszudehnen. Im August hielt er in Frankfurt eine Reichsversammlung ab, auf der das Gesetz *Licet iuris* verabschiedet wurde: Hier legte Kaiser Ludwig IV. fest, dass derjenige König *und* Kaiser sei, den die Mehrheit der Kurfürsten gewählt habe. Er ging damit inhaltlich über den Rhenser Kurverein hinaus und bezog das Kaisertum in den Wahlakt der Kurfürsten ein. Damit war die Extremposition in der Auseinandersetzung zwischen Ludwig und den Päpsten formuliert und propagiert, hinter die es kein Zurückweichen mehr gab. Und dennoch ist in der Abfolge von Rhenser Kurverein und *Licet iuris* auch zu erkennen, dass die Positionen von Kurfürsten und Kaiser nicht vollständig deckungsgleich waren. Hier deutet sich an, dass Erstere sich für den Wahlgedanken und gegen die Approbationsansprüche stark machen konnten, ohne dass damit zwingend eine Unterstützung des Letzteren einherging.

DER HOFTAG ZU KOBLENZ: HÖHEPUNKT KAISERLICHER MACHT

Zunächst aber steuerte Ludwig auf den Höhepunkt seiner Herrschaft zu: auf den Hoftag in Koblenz im September 1338. Neben dem Kaiser waren beinahe alle Kurfürsten und etliche andere Große des Reiches anwesend. Darüber hinaus war König Eduard III. von England gekommen, um sich ins Reichsvikariat einsetzen zu lassen. Es war eher selten, dass sich König und Kaiser oder auch Kurfürsten und Kaiser persönlich trafen. Die mittelalterliche Gesellschaft hatte sehr viel Gespür für Rangunterschiede und Über- oder Unterordnung. Diese

Relationen wurden in Zeichen kommuniziert, die auf einer klaren Vorstellung von Hierarchien basierten: Oben war besser als unten, rechts besser als links. Wenn nun ein König auf einen Kaiser oder ein Kurfürst auf einen König traf, mussten die Rangunterschiede berücksichtigt und damit sichtbar gemacht werden; dies bedeutete Prestigegewinn für den Ranghöheren.

Für Ludwig IV. war die Konstellation in Koblenz günstig: Eduard III. bedurfte seiner Unterstützung und zeigte durch sein Erscheinen, dass er Ludwigs Vorrang – und damit seine vom Papst bestrittene Kaiserwürde – anerkannte. Der Hoftag wurde mit viel Pomp und nach einer sorgfältig gestalteten Choreografie abgehalten, die aus verschiedenen Treffen, Gastmählern und öffentlichen Verkündigungen bestand. *Licet iuris* und *Fidem catholicam* wurden – mit Zustimmung der Kurfürsten – verlesen und für gültig proklamiert, und auch das Rhenser Weistum wurde zum Reichsgesetz erklärt. In Koblenz hat Ludwig also die inhaltliche Einheit mit den Kurfürsten in einem für ihn günstigen Rahmen hergestellt und vor aller Augen zelebriert.

Der absolute Höhepunkt war die Inszenierung vom 5. September: Auf einer großen Tribüne präsentierte sich Kaiser Ludwig IV. dem Volk auf einem über drei Meter hohen Thron. Daneben – deutlich niedriger – saßen Eduard III., die Kurfürsten und weitere Reichsfürsten. Das Ganze war ein Abbild des Reichs- und Weltverständnisses Ludwigs: Der Kaiser thronte über allen. Während der Zeremonie flog ein dressierter Adler von Ost nach West über die Menge hinweg und verwies damit auf die kaiserliche Autorität – der Adler war der König der Vögel und Attribut des Kaisertums – und das Ziel, das im Westen angegriffen werden sollte: Frankreich. Ludwig trug die Kaiserkrone auf dem Kopf, Zepter und Reichsapfel in Händen und eine Stola um den Hals, die er über Kreuz »nach Art eines Priesters« trug, wie eine flandrische Chronik des 14. Jahrhunderts vermerkt. Ludwigs Kleidung hatte also Anklänge an die eines Priesters – und das wurde von den Zeitgenossen auch so verstanden (vgl. Abb. S. 84). Wir sehen hier das, was die moderne Forschung die »Zurschaustellung herrscherlicher Sazerdotali-

Detail aus einer Darstellung der sieben Kurfürsten und – im Bild – des Königs Ludwig IV. Er trägt eine Helmkrone und einen Schild mit dem Reichsadler. – Relief am Mainzer Kaufhaus »Am Brand« (um 1322)

tät« nennt.[35] Ludwig wollte die Sakralität seiner Stellung propagieren, die ihn von gewöhnlichen Laien unterschied. Das stand in der Tradition des Gottesgnadentums, ist aber auch als deutliches Zeichen innerhalb der Auseinandersetzung mit den Päpsten zu werten. Der gebannte Ludwig der Bayer zeigt sich als Kaiser – und als Priester!

BALDUIN VON TRIER

Ein Aspekt dieser Zurschaustellung kaiserlicher Macht ist bislang noch nicht angesprochen worden: Warum traf sich der Kaiser mit dem König von England ausgerechnet in Koblenz? Die Antwort auf diese Frage macht deutlich, dass man diesen Hoftag nicht nur aus der Perspektive Ludwigs IV. betrachten darf, sondern ihn in einen größeren Zusammenhang stellen muss. Koblenz war keine Reichsstadt, sondern gehörte zum Erzbistum Trier. Der dortige Erzbischof Balduin stammte aus dem Geschlecht der Luxemburger und war einer der einflussreichsten Reichsfürsten seiner Zeit. 1307 wurde er im Alter von 22 Jahren Erzbischof. Als er 1354 starb, hatte er sein Bistum zu einer respektablen Territorialherrschaft ausgebaut – Trier und Koblenz waren die beiden Zentralorte. Balduin war ein Bruder Kaiser Heinrichs VII., ein Großonkel des späteren Kaisers Karl IV. – also des Vorgängers und des Nachfolgers Ludwigs IV. –, und an drei Königswahlen beteiligt. 1314 hatte er den Wittelsbacher unterstützt, sich aber lange Zeit eine neutral-abwartende Position zwischen Ludwig und den Päpsten bewahrt. Er erkannte dessen Kaisertum nicht an, pflegte jedoch durchaus politische Kontakte mit dem Wittelsbacher. Balduin war ein entschiedener Verfechter des kurfürstlichen Wahlrechts und die treibende Kraft hinter der königslosen Versammlung der Kurfürsten in Rhense.

Der Kurfürst von Trier war also keineswegs ein vorbehaltloser Parteigänger Ludwigs IV., sondern verfolgte vielmehr immer auch eigene politische Ziele – so auch gegenüber König Eduard III. Im Jahr 1337 trat Balduin mit dem englischen Hof in Bündnisverhandlungen ein – dezidiert unabhängig von den Bemühungen seines Königs und Kaisers. So etwas wie eine

*Erste bildliche Darstellung der sieben Kurfürsten – anlässlich der Königs-
wahl Heinrichs VII. (1308): Links sitzen die drei geistlichen Königswähler,
die Erzbischöfe von Köln, Mainz und Trier. Dann folgen die vier weltlichen
Kurfürsten: der Pfalzgraf bei Rhein, der Herzog von Sachsen, der Markgraf
von Brandenburg und der König von Böhmen. – Illustration aus einem
Bilderzyklus, den Balduin von Trier, der Bruder König Heinrichs, in Auftrag
gegeben hat (um 1345)*

geschlossene Außenpolitik des Reiches gab es im 14. Jahrhundert nicht. Die Reichsfürsten betrieben vielmehr ihre eigene
Politik und wurden von auswärtigen Mächten als eigenständige Akteure wahrgenommen. Für Eduard war der Erzbischof ein
strategisch wichtiger Verbündeter im Kampf gegen Frankreich,
und so wurde ein Abkommen vereinbart, nach dem sich Balduin gegen erhebliche Zahlungen an dessen Kampf gegen Frankreich beteiligen sollte. Im Zuge dieser Verhandlungen war auch
ein Treffen zwischen beiden vorgesehen – und zwar in Koblenz, also in einem bedeutenden Ort des Erzbistums Trier. Der
König von England war also in Koblenz Gast des Erzbischofs,
was die Bedeutung Balduins für Eduard hervorhebt und die
Gestaltungsspielräume Ludwigs in einem etwas veränderten
Licht erscheinen lässt.

Es ist auffällig, dass der große Hoftag Ludwigs demnach gleichsam ein Nebenprodukt der trierisch-englischen Verhandlungen war. Ein zwischen Eduard und dem Kaiser vereinbartes Treffen in Sinzig – am Rhein nördlich von Koblenz auf Reichsgut gelegen – wurde zugunsten von Koblenz abgesagt. Ludwig schloss sich also Balduin in der Wahl des Ortes an und nahm dabei in Kauf, dass sein Treffen mit Eduard auf trierischem Boden stattfand und damit erheblich zum Prestige des Kurfürsten beitrug. Auch auf dem Höhepunkt seiner Macht agierte Kaiser Ludwig IV. also nicht wie ein absolutistischer Monarch, sondern war auf den Konsens seiner Fürsten angewiesen.

Goldbulle Ludwigs IV.: die Vorderseite zeigt Ludwig als Kaiser, die Rückseite eine Stadtansicht Roms

7 König, Kaiser und Landesherr (1329–1346)

Um Ludwig IV. als Landesherren charakterisieren zu können, ist es nötig, in der Chronologie ins Jahr 1329 zurückzuspringen. Ludwigs neue Würden als König und Kaiser führten nicht dazu, dass er sein Herzogtum vernachlässigte oder sich in der Herrschaft dort vertreten ließ. Er blieb die ganze Zeit über Herzog von Oberbayern und agierte als Wittelsbacher auch im dynastischen Interesse seiner Familie.

In der ordnenden Rückschau des Historikers kann man die landesherrliche Politik Ludwigs dabei in zwei Blöcke unterteilen: Mal betrieb er Landespolitik weitgehend jenseits vom König- und Kaisertum, mal setzte er seine Stellung zu Gunsten der Dynastie ein.

FAMILIENANGELEGENHEITEN: DER HAUSVERTRAG VON PAVIA

Ludwigs älterer Bruder Rudolf I. war 1319 gestorben; die pfälzische Linie der Wittelsbacher wurde seitdem von seinen Söhnen und Enkeln vertreten: Rudolf II., Ruprecht I. und Ruprecht II. Im Verhältnis zwischen diesen und Ludwig musste eine tragfähige Lösung gefunden werden, welche die Aufteilung der Herrschaftsrechte und Besitzungen, aber auch die Frage der pfälzischen Kurstimme regelte. Am 4. August 1329 schlossen Ludwig und seine Neffen einen Vertrag, der nach dem Ausstellungsort »Hausvertrag von Pavia« genannt wird; der Kaiser befand sich nach seiner Krönung immer noch in Italien. Dieser Hausvertrag legte eine Teilung der Besitzungen fest: Ludwig und seine Erben erhielten Oberbayern und den kleineren Teil des bayerischen Nordgaus, Rudolfs Erben die Pfalzgrafschaft bei Rhein und den größeren Teil des Nordgaus. Damit teilten sich die Nachkommen Ludwigs II., des Strengen, in eine oberbayerische und eine pfälzische Linie. Die im Nordgau gelegenen Besitzungen der pfälzischen Linie der Wittelsbacher wurden dann in Abgrenzung zur »Unteren Pfalz«, der Rheinpfalz,

Ludwig IV. thront mit den Insignien seiner Herrschaft und gekreuzter Stola in der Initiale ›W‹. – Titelseite einer Handschrift des oberbayerischen Landrechtes (um 1346)

»Obere Pfalz« genannt. Der Hausvertrag legt großen Wert darauf, dass trotz der Teilung der Zusammenhalt der Dynastie bewahrt blieb: Es gab gemeinsame Besitzungen in Franken und Österreich, gegenseitige Vorkaufsrechte und Erbregelungen. Diese erwiesen sich als sehr beständig: Obwohl beide Territorien im Laufe der Jahrhunderte nach 1329 politische und kulturelle Eigenständigkeit entwickeln sollten, trat die Erbklausel des Hausvertrages 1777 in Kraft, als Kurfürst Max III. Joseph von Bayern ohne Erben starb und die Pfalz und Bayern unter dem Pfälzer Kurfürsten Karl Theodor vereinigt wurden.

Deutlich kurzlebiger waren hingegen die Regelungen zur Kurwürde. Diese war mit der Pfalzgrafschaft verbunden, Ludwig wollte für sich und seine Nachkommen aber nicht vollständig darauf verzichten. Daher wurde festgelegt, dass die Kurwürde von beiden Linien im Wechsel ausgeübt werden sollte. Den ersten Zugriff hatten die Pfälzer.

Doch warum hat Ludwig IV. diesem Vertrag überhaupt zugestimmt? Auf den ersten Blick erscheint es erstaunlich, dass er – auf dem Höhepunkt seiner Macht als gerade gekrönter Kaiser – seinen Pfälzer Neffen so weit entgegen gekommen ist. Aber Ludwig erreichte vor allem eine Befriedung in dem Familienzwist, der seine Handlungsfähigkeit so lange beeinträchtigt hatte: Durch den Hausvertrag sicherte er sich die Unterstützung seiner pfälzischen Neffen; vor allem Rudolf II. stand ab 1329 treu zum Kaiser. In der Rückschau erscheint die Regelung der alternierenden Kurwürde wenig zukunftsträchtig: In der Goldenen Bulle von 1356 sollte Ludwigs Nachfolger Karl IV. festlegen, dass die Kurstimme dem Inhaber des entsprechenden Territoriums zustehe. Seither führten die wittelsbachischen Pfalzgrafen die Kurwürde allein und Bayern blieb ohne Kur. Diese Entwicklung ist auf die guten Beziehungen Karls IV. zu den Pfalzgrafen Ruprecht I. und Ruprecht II. nach Ludwigs Tod zurückzuführen und war 1329 noch nicht absehbar.

LUDWIG UND NIEDERBAYERN

Neben der Auseinandersetzung mit den Nachkommen seines Bruders waren es die Beziehungen Ludwigs zu Niederbayern, die seine bayerische Politik bestimmten. Seine Neffen, für die Ludwig ab 1310 und 1312 die Vormundschaft übernommen hatte, strebten in den 1320er-Jahren Eigenständigkeit an und drängten auf eine Teilung Niederbayerns, um selbstständige Herrschaften zu schaffen. Heinrich XV. war mit der Habsburgerin Anna – Tochter König Friedrichs des Schönen –, Heinrich XIV. mit der Luxemburgerin Margarete – Tochter König Johanns von Böhmen – verheiratet. Wegen dieser Verbindungen und der strategischen Lage des Herzogtums zwischen Oberbayern, Böhmen und Österreich wurden die rivalisierenden territorialpolitischen Interessen von Wittelsbachern, Habsburgern und Luxemburgern auch in Niederbayern ausgetragen. Ludwig bemühte sich darum, seinen Einfluss auf dieses Gebiet zu wahren, konnte jedoch nicht verhindern, dass sein Neffe Heinrich XIV. im Jahr 1329 auf Seiten des Papstes Johannes XXII. stand.

Das Ringen um Einfluss in Niederbayern fand schließlich ein Ende zu Gunsten Ludwigs IV. Zunächst kam es 1339 zur Einigung mit Heinrich XIV., der seine Mitregenten überlebt hatte und alleiniger Herzog in Niederbayern war. Als er aber noch im selben Jahr überraschend starb, übernahm Ludwig erneut die Vormundschaft über Niederbayern, diesmal für Heinrichs Sohn Johann I. Als dieser 1340 ebenfalls starb, fiel Niederbayern ganz an Ludwig. Somit war Bayern nach der Teilung von 1255 erstmals wieder vereint, jedoch ohne die Oberpfalz. Dies stellte eine beträchtliche Erweiterung der Hausmacht für Ludwig dar, ging aber eher auf biologischen Zufall als auf strategisches Geschick zurück. Er unternahm allerdings Anstrengungen, die Einheit von Familie und Besitz zu wahren. So verpflichtete er schon 1334 seine Söhne auf eine Erbregelung, die den wittelsbachischen Besitz als Einheit sah: Sollte einer seiner Söhne ohne Erben sterben, sollte sein Teil wieder an das Gesamthaus zurückfallen. Nach Ludwigs Tod sollte es dennoch erneut zur Teilung der wittelsbachischen Besitzungen kommen.

Ludwig und die Städte

Es ist ein gängiges Diktum der Ludwig-Forschung, dass dieser Herrscher eine weitreichende Städtepolitik betrieben und immer wieder politischen Rückhalt bei Städten gefunden habe. In manchem war sein Agieren hier zukunftsweisend; der Wittelsbacher setzte auf die Städte, wodurch er an ihrem Aufstieg partizipierte und diesen förderte. Doch welche Städte waren für Ludwig von Bedeutung? Die Städtelandschaft des 14. Jahrhunderts war vielfältig: Es gab solche, die relativ eigenständig Politik machen und ihre Belange selbst verwalten konnten, und solche, die im starken Maße von ihren Herren abhängig waren. Manche Städten waren rechtlich von den sie umgebenen Herrschaftsräumen getrennt. So lag etwa Regensburg inmitten des Herzogtums Bayern – an der Grenze der Teilherzogtümer Ober- und Niederbayern –, unterstand als Reichsstadt aber nicht den bayerischen Herzögen, sondern dem römisch-deutschen König. Es wurde erst 1810 endgültig bayerisch.

Legt man die Aufenthalte des reisenden Herrschers zu Grunde, waren Frankfurt am Main, Nürnberg und München die für Ludwig bedeutendsten Städte des Reiches. Wie auch Regensburg waren die beiden Ersteren Reichsstädte, in Letzterer war Ludwig hingegen als Herzog von Bayern Stadtherr. München war für Ludwig eine besonders wichtige Stadt; hier wurde er wahrscheinlich geboren, hier ließ er die herzogliche Residenz, den Alten Hof, ausbauen und eine Erweiterung der Stadtmauer vornehmen. Die Reichsinsignien wurden von Ludwig in der dortigen Hofkirche verwahrt. Michael Menzel betont aber, dass München unter Ludwig IV. nicht als Hauptstadt des Reiches fungierte, also den Herrschaftsmittelpunkt darstellte.[36] Nur zehn Prozent seiner Urkunden hat Ludwig in München ausgestellt, an der Isar hielt er sich nicht häufiger auf als in Frankfurt oder in Nürnberg.

Sowohl im Herzogtum als auch im Königreich sehen wir also eine typisch mittelalterliche Reiseherrschaft; auch

Münchener Bürger mussten sich zum reisenden Herrscher begeben, wenn sie eine Privilegierung erlangen wollten. Bezeichnend ist etwa auch, dass in München kein Hoftag stattfand: Ludwig bemühte sich darum, Reichsangelegenheiten vom Herzogtum fernzuhalten. In Bayern wollte er als Landesherr regieren und die Autorität des Hauses Wittelsbach stärken.

Für Ludwigs Reichspolitik wichtig waren vor allem die Reichsstädte. Frankfurt und Nürnberg privilegierte er nach seiner Rückkehr aus Italien: Am 25. April 1330 erhielt Frankfurt am Main ein Messeprivileg, das der Stadt erlaubte, jährlich einen zweiwöchigen Markt abzuhalten – eine der Grundlagen der heutigen Messestadt. Nürnberg wurde am 12.September 1332 ein Handelsprivileg gewährt: Die Stadt erhielt an mehr als 70 Orten für ihre Waren Zollbefreiung. So weit Ludwigs Einfluss reichte, räumte er der Reichsstadt einen bedeutenden Handelsvorteil ein. Diese und andere Reichsstädte waren nach Heinz Thomas »Säulen der Reichspolitik«[37] Ludwigs IV., der sich auch in Zeiten des Thronstreites dieser Unterstützung sicher sein konnte.

OBERBAYERISCHES LANDRECHT – INNERE KONSOLIDIERUNG DER LANDESHERRSCHAFT

In den 1330er-Jahren, also nach seiner Rückkehr aus Italien und somit bereits als Kaiser, bemühte sich Ludwig um die Konsolidierung der Landesherrschaft. Dazu gehörten die bereits erwähnte Erbregelung und vor allem das sogenannte oberbayerische Landrecht. Hierbei handelt es sich um ein Gesetzbuch, das den Anspruch erhob, Rechtsgrundlage für alle Gerichtsentscheidungen in Oberbayern zu sein. Es ging darum, das Recht zu vereinheitlichen und gleichzeitig die landesherrliche Autorität in der Gesetzgebung zu stärken: Alles Recht kam vom Landesherren. Dies war ein wichtiger Schritt in dem Prozess, den die Forschung als »Territorialisierung« bezeichnet: In einem Territorium verdichtet sich die Herrschaft des Landesherren so weit, dass er alle anderen Herrschaftsträger neben sich verdrängen oder seiner Kontrolle unterordnen kann. Damit bewegt sich die spätmittelalterliche Landesherrschaft in Richtung eines modernen (Flächen-)Staates, in dem einheitliches Recht gilt.

Das Landrecht war in deutscher Sprache abgefasst und mit lateinischen Kapitelüberschriften versehen. Die erste beginnt mit den Worten: »Titulus primus de iudiciis« – »Erster Abschnitt über die Richter« (vgl. Abb. S. 84). Der Kaiser wird im weiteren Text explizit als Urheber, die Sammlung immer wieder einfach »des Kaisers Buch« genannt. Das Rechtsbuch war zugleich alt und novelliert: Die Bestimmungen waren in den Gerichten aller Städte und Märkte gesammelt worden. Das Landrecht liegt uns heute in der Version aus dem Jahr 1346 vor, als die erste Fassung, die zwischen 1334 und 1336 entstanden war, überarbeitet wurde. Sie legt ausdrücklich fest, dass zu jedem Gerichtstermin ein Schreiber mit einer Kopie des Buches anwesend sein müsse. Allein aus dem 14. Jahrhundert sind uns heute noch etwa 20 Abschriften erhalten.

Dieses Landrecht hatte freilich nicht im ganzen Herzogtum, sondern nur in Oberbayern – also dem angestammten Herrschaftsraum Ludwigs – Geltung; sowohl der Nordgau als auch Niederbayern folgten einem anderen Recht. Auch nach der Vereinigung Nieder- mit Oberbayerns 1340 änderte sich daran nichts. Hier zeigt sich, dass die verschiedenen bayerischen Teilherzogtümer trotz aller Tendenzen zur Territorialisierung eigenständige Herrschaften waren. Eine einheitliche Rechtsprechung in ganz Bayern sollte erst im 17. Jahrhundert unter Herzog Maximilian I. durchgesetzt werden. Das oberbayerische Landrecht Ludwigs sollte allerdings in einzelnen Gebieten bis Anfang des 19. Jahrhunderts gültig bleiben.

DIE MARK BRANDENBURG WIRD WITTELSBACHISCH

Im Spätmittelalter gab es eine enge Verbindung von Königtum und Hausmacht. Die Familienbesitzungen des jeweiligen Königs waren einerseits Grundlage und Ausgangspunkt seiner Herrschaft und eröffneten dem gewählten Monarchen mal

Ludwig und die Juden

Der Franziskanermönch und Chronist Johannes von Winterthur erzählt eine Episode über Ludwig, seine zweite Frau, Margarete von Holland, und den richtigen Umgang mit Juden. In der Fastenzeit habe die Kaiserin ihrem Gemahl zwei Hähne braten lassen. Als Ludwig sich darüber beschwerte, dass ihm ein Essen vorgesetzt werde, welches nicht den christlichen Speisevorschriften entsprach, antwortete Margarete: »Da Ihr den Anschein habt, Jude werden zu wollen, indem Ihr den Juden zusteht und zustimmt, so scheint es folgerichtig der Vernunft angemessen, dass Ihr Euch mit ihnen gleich haltet und das Fleisch, das sie jetzt nicht meiden, sondern frei genießen, zugleich mit ihnen ungebunden esst.«[38]

Diese Episode gewährt uns zunächst Einblick in den Alltag des Herrscherpaares: Sie bestimmte die Speisenfolge – und diese unterlag christlichen Vorschriften, welche in der Fastenzeit den Verzehr von Fleisch verboten. Erst vor diesem Hintergrund wird die eigentliche Aussageabsicht deutlich: Wer in der Fastenzeit nicht fastet, ist kein Christ; Religion wird in Ritualen sichtbar. Warum aber stellte Margarete ihren Mann außerhalb der christlichen Gemeinschaft und unterstellte ihm, Jude sein zu wollen? Hier kommt die zeitgenössische Kritik des Franziskaners Johannes an Ludwigs judenfreundlicher Politik zum Ausdruck. Konkreter Anlass für diese Erzählung waren Ausschreitungen im Jahr 1338 gegen Juden im Elsass, vor denen sich die Bedrängten in die Reichsstadt Colmar geflüchtet hatten. Ludwig stellte sich schützend vor sie und vertrieb eine gewaltbereite Gruppe von Judenverfolgern, die Colmar belagerten. Diese Haltung brachte ihm den Vorwurf ein, Judenfreund zu sein. Ganz in diesem Sinne mündet der Vorwurf der Kaiserin auch in zerknirschter Besinnung des so Gescholtenen; Ludwig gelobt, sich künftig zu bessern.

In der Beurteilung des Verhältnisses Ludwigs IV. zu den Juden seiner Zeit kann man sehr deutlich Unterschiede zwischen zeitgenössischen und modernen Wertungen ausmachen. Was Ludwig im 14. Jahrhundert zur Kritik gereichte, wird ihm heute lobend angerechnet. Heinz Thomas hebt ausdrücklich hervor, dass man bei Ludwig IV. – im Gegensatz zu seinem Nachfolger Karl IV. – keine Begünstigung von Judenpogromen beobachten könne. Ludwig war in der Tat nicht bereit, Übergriffe auf jüdische Gemeinden zu dulden, und ging mehrfach dagegen vor.

Dieses Verhalten gilt es freilich zu kontextualisieren und nicht mit modernen Motiven – wie etwa humanistisch verstandener Toleranz – in Verbindung zu bringen. Die Juden standen in einem speziellen Verhältnis zum Kaiser, das mit dem Begriff ›Kammerknechtschaft‹ bezeichnet wurde. So waren die Juden direkt dem Kaiser unterstellt und mussten für dessen Schutz Abgaben leisten. Angriffe auf Juden waren demnach auch immer Angriffe auf kaiserliche Privilegien.

Dies wird ganz besonders deutlich, wenn die Juden nach Colmar flüchteten; als Reichsstadt unterstand es unmittelbar dem Reichsoberhaupt, und daher schritt Ludwig hier persönlich ein.

Bei seinem Nachfolger Karl IV. können wir die gleiche Logik beobachten, freilich mit einem diametral anderen Ausgang für die betroffenen Juden. So ließ sich Karl von der Stadt Nürnberg das Vorrecht bezahlen, gegen die jüdische Gemeinde in der Stadt – trotz des kaiserlichen Schutzes – vorgehen zu dürfen. Nicht spontane Emotionen waren hier die Ursache des Pogroms, sondern kühl kalkuliertes Vorteilsstreben: Es ging um Geld, Schuldenerlass und auch darum, mit der jüdischen Gemeinde einen besonderen Rechtsraum aus der Stadt zu entfernen. Diese Vorteile mussten dem Kaiser abgekauft werden. Die Juden erscheinen hier als Spielball von Machtinteressen, und das war auch unter Ludwig IV. nicht grundlegend anders. Freilich führte unter ihm die kaiserliche Kammerknechtschaft zum Schutz der Juden in Deutschland.

mehr, mal weniger Spielraum. Auf der anderen Seite nutzten die Könige ihre Stellung zur Stärkung der eigenen Familie. Als Reichsoberhaupt konnten sie über Reichsgut verfügen und vor allem heimgefallene Reichslehen wieder ausgeben. Auf diese Weise war Österreich 1282 an die Habsburger und Böhmen 1310 an die Luxemburger gekommen.

Ludwig stand also in bewährter Tradition, als er auf das Aussterben der brandenburgischen Askanier reagierte. 1323 machte er – gestärkt durch den Sieg bei Mühldorf – seinen ältesten Sohn Ludwig zum Markgrafen von Brandenburg. Dies bedeutete einen enormen Machtzuwachse für die Wittelsbacher, weil die Mark dem Haus eine weitere Kurstimme brachte. Gleichzeitig stellte sich Ludwig hier deutlich gegen die Interessen König Johanns von Böhmen. Die luxemburgische Partei hatte ihn 1314 auf den Thron gewählt, und Johann hatte bei Mühldorf an der Seite Ludwigs gekämpft. Nun erwartete er als Gegenleistung die Mark Brandenburg, die im Norden an Böhmen angrenzte und so eine ideale Erweiterung des luxemburgischen Hausmachtkomplexes dargestellt hätte. Zwar wurden Teile der Mark – etwa Lausitz und Bautzen – den Luxemburgern zugeschlagen; Johann von Böhmen empfand das aber nicht als adäquate Kompensation oder Belohnung für seinen Kandidaturverzicht zu Gunsten des Wittelsbachers. Ludwig IV. musste die Ausweitung der wittelsbachischen Hausmacht um die Mark Brandenburg daher mit einer dauerhaften Entfremdung von Johann von Böhmen bezahlen. Dabei spielte sicherlich auch die Tatsache eine Rolle, dass die Mark dem Hause Luxemburg die dritte Kurstimme – neben Böhmen und dem Erzbistum Trier, dem Balduin von Luxemburg vorstand – eingebracht und damit das Kräfteverhältnis im Reich sehr deutlich zu Gunsten dieser Familie verschoben hätte.

Zur Entfremdung zwischen Ludwig und Johann trug auch bei, dass der Wittelsbacher seine Tochter Mechthild mit Friedrich dem Ernsthaften, Landgraf von Thüringen, verheiratete, obwohl dieser zuvor bereits mit einer Tochter Johanns von Böhmen verlobt war. Ludwig IV. nutze hier die Eheverbindungen seiner Kinder, um seine politische Stellung abzusichern.

DIE ZWEITE EHEFRAU: MARGARETE VON HOLLAND-HENNEGAU

Eine politisch motivierte Heirat war auch die zweite Ehe Ludwigs IV. Seine erste Frau, Beatrix von Schweidnitz, war 1322 gestorben, und Ludwig konnte seine zweite Vermählung den aktuellen Bedingungen anpassen. Während er die erste Ehe als Herzog von Oberbayern geschlossen und sich durch die Heirat der Schweidnitzerin um Annäherung an Niederbayern bemühte hatte, war er nun König und agierte in anderen Zusammenhängen. Seine zweite Frau war Margarte, die Tochter Wilhelms III. von Holland-Hennegau und der Jeanne von Valois. Wilhelm war 1314 ein Thronkandidat gewesen und hatte nach seinem Verzicht Ludwig unterstützt, der ihn dafür in seinen Besitzungen Holland, Seeland und Friesland bestätigte. Die Treue Wilhelms wurde nun 1324 durch die Heirat des Wittelsbachers mit Margarte belohnt. Die Eheschließung war Teil der Bemühungen Ludwigs, seine Stellung im Reich zu konsolidieren und sich Unterstützung im Nordwesten zu sichern. Sie gehört damit zur Reichspolitik in der Endphase des Thronstreites, ähnlich wie die Heirat zwischen Ludwigs Tochter Mechthild und dem Landgrafen von Thüringen.

Später sollte die Verbindung zu Margarete weitere Optionen bieten, die bei der Eheschließung noch nicht absehbar waren: Ihr Onkel mütterlicherseits war Philipp von Valois, der 1328 König von Frankreich wurde, und in gleichen Jahr heiratete Margaretes Schwester, Philippa, König Eduard III. von England. Damit war Ludwig IV. mit dem englischen und dem französischen Königshaus verschwägert. Bei der Interpretation dieser Verbindungen gilt es freilich die zeitlichen Abläufe zu berücksichtigen. Ludwigs Heirat ist nicht als Teil seiner Bündnispolitik in den 1330er-Jahren zu werten. Mit Bezug auf England kann man allenfalls umgekehrt argumentieren: Eduard III. verschaffte sich durch seine Heirat Verbindungen zu Kaiser Ludwig IV. und damit zu einem potenziellen Verbündeten im Kampf gegen Frankreich.

Ebenso unvorhersehbar waren die Konsequenzen der Heirat mit Margarete von Holland für die wittelsbachische Haus-

Margarete von Holland, die zweite Frau Ludwigs IV. – Kupferstich des niederländischen Künstlers Cornelis Visscher (um 1650)

macht: 1345 starb ihr Bruder Wilhelm IV. im Kampf mit den Friesen. In seiner Funktion als Reichsoberhaupt erklärte Ludwig nun seine Frau zur Erbin der Grafschaften Holland-Hennegau, Seeland und Friesland und belehnte sie am 15. Januar 1346. Damit wurden diese Territorien wittelsbachisch und die Besitzungen der Familie erheblich erweitert. Bei diesen Entwicklungen ist neben den weitreichenden reichspolitischen Konsequenzen, von denen im nächsten Kapitel die Rede sein wird, zu beachten, dass wir es hier zwar mit in dynastischer Hinsicht erfolgreicher, aber keineswegs in diesem Sinne konzipierter Heiratspolitik zu tun haben. Als Ludwig und Margarete 1324 heirateten, war der Bruder der Braut, Wilhelm IV., 16 Jahre alt. Dass seine Ehe kinderlos bleiben und sich damit ein Erbanspruch Margaretes ergeben würde, war nicht vorhersehbar. Hier spielte der Zufall Ludwigs Hausmachtpolitik in die Hände.

KABALE UND LIEBE – TIROL WIRD WITTELSBACHISCH

In einer anderen Ehesache, die für die Hausmachtpolitik Ludwigs und sein Schicksal als König von weit größeren Auswirkungen sein sollte, wurde dem Zufall hingegen sehr vehement auf die Sprünge geholfen: in der Eheaffäre um Margarete von Tirol, die von ihren Gegnern »Maultasch« genannt wurde – freilich erst nach ihrem Tod 1369. ›Maul‹ und ›Tasch‹ waren unflätige Bezeichnungen für das weibliche Geschlecht – eine Verbindung des Spottnamens zur Mundpartie der Gräfin von Tirol wurde erst später hergestellt. Der sexuell konnotierte Schimpfname deutet schon an, dass es bei der Affäre um Margarete nicht nur um hohe Politik ging – oder anders: Wenn eine Frau im 14. Jahrhundert in dieser hohen Politik eine eigenständige Rolle spielen wollte, konnte ihre Sexualität als Propagandamittel gegen sie eingesetzt werden. Dafür bot sich im Falle Margaretes auch ein realer Ansatzpunkt, der freilich weniger mit der Sexualität der Frau als mit den politischen Umständen und dem Eherecht zu tun hatte.

Die Grafschaft Tirol im Süden des bayerischen Herzogtums lag im strategischen Interesse der drei großen Dynastien. Die

Wittelsbacher und Habsburger konnten durch den Erwerb ihre Territorien arrondieren und ausbauen, die Luxemburger suchten dies zu verhindern und ihrerseits Zugriff auf das reiche Land und seine Alpenpässe zu erlangen. 1330 hatte König Johann von Böhmen seinen Sohn Johann Heinrich mit Margarete von Tirol und Kärnten vermählt. Diese Verbindung war in persönlicher und politischer Hinsicht nicht glücklich. Nach dem Tod ihres Vaters 1335 sollte Margarete – und mit ihr auch ihr Gemahl – die Herrschaft in Tirol und Kärnten erben. Kaiser Ludwig entschied aber anders und sprach das Herzogtum Kärnten den Habsburgern zu, die sich dafür zum Bündnis gegen Johann von Böhmen verpflichteten. So blieb Margarete nur Tirol, und hier gestaltete sich die Lage schwierig; sie klagte mehrfach öffentlich über ihren Mann: Dieser sei impotent und habe die Ehe nicht vollzogen. Hinzu kamen Gerüchte wegen gewaltsamer Übergriffe Johann Heinrichs, der Margarete geschlagen und gebissen haben soll. Es ist sehr schwierig, den Wirklichkeitsbezug dieser Anschuldigungen zu überprüfen. Beide Ehepartner hatten aus späteren Verbindungen Kinder, und es erscheint müßig, über psychologische Gründe für das Verhalten Johann Heinrichs zu spekulieren. Der oftmals in der Forschung konstruierte Zusammenhang zwischen Kinderzahl und Eheglück nimmt zu wenig Rücksicht auf die politischen Implikationen von Ehe und Erben im Spätmittelalter.

Entscheidend war, dass der Zustand der Ehe mit der politischen Unzufriedenheit des Tiroler Adels über die luxemburgische ›Fremdherrschaft‹ verknüpft wurde. Johann Heinrichs Regierung stieß auf Ablehnung in Tirol, und Margarete wollte ihren Gemahl loswerden. Diese Darstellung soll keineswegs über das Leiden der jungen Frau unter ihrem Mann hinweggehen, sondern deutlich machen, dass nicht das persönliche Schicksal, sondern die politischen Implikationen die Geschehnisse ins Rollen brachten.

1341 sperrte die Gräfin von Tirol ihren Mann im Wortsinne aus: Als Johann Heinrich von einem Jagdausflug zurückkehrte, fand er das Schloss Tirol verriegelt und das Land im Aufstand gegen sich. Er musste Tirol verlassen. Diese Aktion hatte

Margarete mit dem Landesadel vorbereitet und sich die politische Unterstützung Kaiser Ludwigs IV. gesichert. Dieser wollte seinen ältesten Sohn Ludwig, den Markgrafen von Brandenburg, mit Margarete vermählen und so Tirol für die Wittelsbacher sichern. Dem standen gewichtige rechtliche Probleme im Wege. Da war zunächst die Ehe zwischen Margarete und Johann Heinrich; diese konnte für nichtig erklärt werden, wenn sie – wie Margarete behauptete – nicht vollzogen worden war. Eine Eheauflösung wurde freilich traditionell von kirchlichen Autoritäten erklärt. Inmitten des Streites zwischen Ludwig IV. und Papst Benedikt XII. war damit nicht zu rechnen. Am Hofe des Wittelsbachers wurden daher von Marsilius von Padua und Wilhelm von Ockham zwei Rechtsgutachten erstellt: Beide legten dar, dass man auf kirchliche Dispens verzichten und Ludwig aus seiner kaiserlichen Amtsgewalt heraus die Ehe auflösen könne. Diese Gutachten sind weniger als Leitfaden für die politischen Handlungen des Kaisers zu verstehen, denn als Indiz dafür, dass man sich am Hofe gut vorbereitet hatte. Marsilius argumentierte etwa mit der generellen Unabhängigkeit der weltlichen von der kirchlichen Gewalt.

Ludwig beschritt aber zunächst – wie auch bei seiner Kaiserkrönung – einen Weg im Einklang mit überkommenen Traditionen: Der Bischof von Freising sollte die erste Ehe auflösen und die neue schließen. Erst als dieser auf dem Weg nach Tirol durch einen Unfall ums Leben kam, löste Ludwig die Ehe selbst auf. Hier wirkte weniger grundlegende Staatsphilosophie als vielmehr politischer Pragmatismus. Bezeichnend dafür ist auch, dass etliche Quellen vom Widerstand des Brandenburger Markgrafen berichten, der kirchenrechtliche und moralische Bedenken geltend machte – letztlich vergeblich. Ludwig junior heiratete im Februar 1342 die Gräfin, und Ludwig senior belehnte die beiden mit Tirol.

Was zunächst ein großer Erfolg der Hausmachtpolitik des Wittelsbachers zu sein schien, erwies sich schnell als problematisch. Die Kurie reagierte verärgert und verhängte Interdikt und Bann über Tirol und sein Herrscherpaar. Die Beziehungen des Papsttums zu Ludwig dem Bayern konnten sich zu diesem

Bayern und die Pfalz nach dem Hausvertrag von Pavia 1329

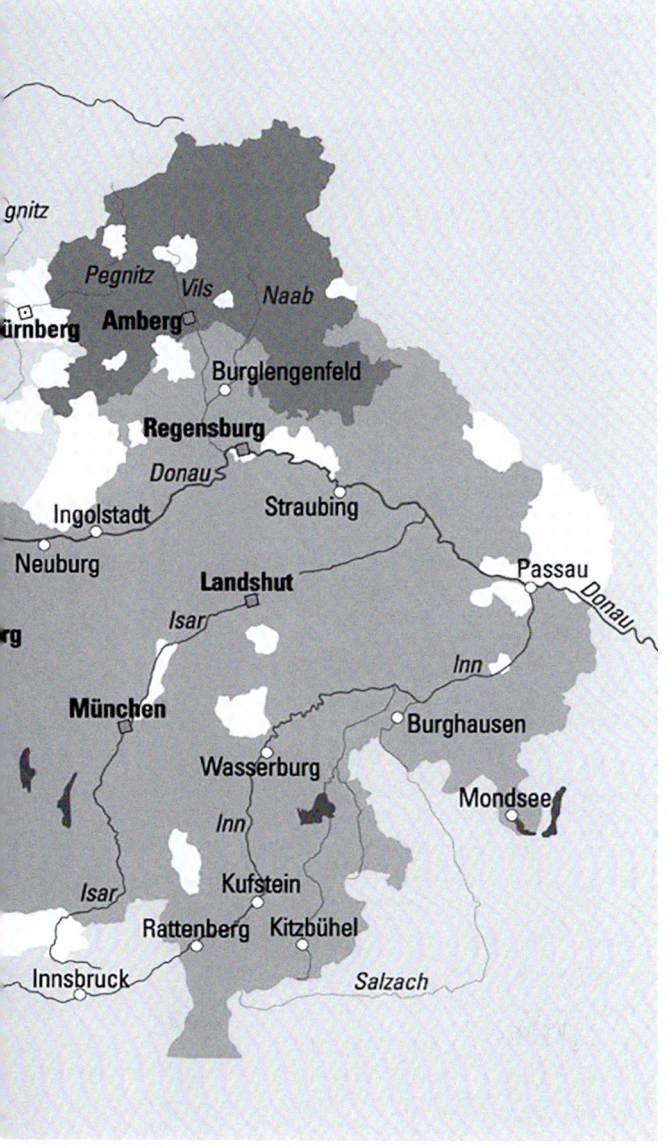

Das sogenannte Regensburger Rationale (14. Jahrhundert)

Zeitpunkt freilich kaum weiter verschlechtern. König Johann von Böhmen hingegen fiel nun endgültig vom Kaiser ab, und so bezeichnet Ludwig Holzfurtner den Erwerb Tirols mit einigem Recht als den »größten Fehler«[39] Ludwigs gegenüber dem Reich.

Aber auch in Tirol sollte den Wittelsbachern kein dauerhafter Erfolg beschieden sein. Im Streit zwischen ihnen und den Luxemburgern um die Grafschaft waren letztlich die Habsburger die lachenden Dritten: Nachdem Ludwig der Brandenburger 1361 verstorben war, überließ Margarete zwei Jahre später die Grafschaft den Habsburgern. Ihre letzten Jahre verbrachte sie, die sich selbst als Markgräfin zu Brandenburg, Herzogin in Bayern und Kärnten, Gräfin zu Tirol und Görz titulierte, am Wiener Hof.

Die Bilanz der Hausmacht Ludwigs im Jahr 1346 war also durchaus beeindruckend: Das Verhältnis zwischen Oberbayern und Pfalz war geklärt, Ober- und Niederbayern vereint, Brandenburg, Holland-Hennegau und Seeland sowie Tirol für die Wittelsbacher gewonnen; darüber hinaus hatte Ludwig als Herzog von Bayern mit dem Landrecht und den Erbregelungen einiges für die Konsolidierung von Land und Dynastie erreicht. Über diesen positiven Eindrücken darf man zweierlei nicht vergessen: Nicht alle Entwicklungen waren Teil einer langfristigen Strategie, sondern auch das Resultat von Zufälligkeiten. So zeugt der Erwerb der Besitzungen seiner zweiten Frau Margarete eher von der Fähigkeit Ludwigs, aus einer sich bietenden Chance konsequent Nutzen zu ziehen, als von kühler Planung. Des Weiteren machen gerade die territorialen Neuerwerbungen deutlich, dass Ludwigs Politik nicht immer langfristiger Erfolg beschieden war: Tirol sollte den Wittelsbachern 1363 verloren gehen, die Mark Brandenburg 1373 und die Grafschaft Holland 1425. Die Einheit zwischen Nieder- und Oberbayern zerfiel wenige Jahre nach seinem Tod.

Ludwig und die Kunst

In der Regierungszeit Ludwigs IV. können wir ein Phänomen ausmachen, das modern und vertraut ist: Kunst im Dienste der Politik. Am Hof des Bayern wurden Kunstwerke gezielt eingesetzt, um Herrschaft zu illustrieren, Ansprüche geltend zu machen und Positionen zu kommunizieren.

Dabei sind sowohl die dargestellten Inhalte, als auch der politische Zusammenhang, in den einzelne Kunstobjekte gestellt wurden, entscheidend. Im Regensburger Domschatz wird etwa ein liturgisches Gewand aufbewahrt: das sogenannte Regensburger Rationale. Dieser Überwurf bedeckt Brust und Rücken des Trägers und ist kunstvoll mit Gold- und Silberstickereien verziert. Auf der Vorderseite ist eine allegorische Darstellung zu sehen, welche die Beziehung zwischen Jesus Christus (oben in der Mitte) und den Menschen verdeutlichen

101

Titelinitialen von vier Urkunden Ludwigs IV. Das »L« ist jeweils szenisch gestaltet und zeigt Ludwig mit den Urkundenempfängern (im Uhrzeigersinn): Ludwig und Bürger der Stadt Dortmund (1332), Ludwig und die Herzöge von Pommern (1338), Ludwig und Erzbischof Balduin von Trier (1339), Ludwig und der Hochmeister des Deutschen Ordens (1337).

soll. Das Bildprogramm selbst birgt hier freilich keine spezielle politische Aussage. Diese liegt vielmehr darin, dass Ludwig IV. dieses Rationale zwischen 1323 und 1327 dem Bischof von Regensburg, Nikolaus von Ybbs, zugeeignet hat. Die Übertragung eines Rationale an einen Bischof war ein päpstliches Vorrecht, welches Ludwig als Teil seiner Auseinandersetzung mit der Kurie schon vor der Kaiserkrönung von 1328 für sich in Anspruch nahm.

Nach dem Italienzug (1327–1330) wird die Tendenz, Kunst als politisches Ausdrucksmittel einzusetzen, deutlicher – zum Beispiel an einer Goldbulle, welche Ludwig als Kaiser zeigt. Auf der Vorderseite (Vgl. Abb. S. 82 l.) sehen wir den Kaiser auf dem Löwenthron, mit Krone, Zepter und Reichsapfel. Auf der Rückseite (Vgl. Abb. S. 82 r.) ist die Kaiserstadt Rom zu sehen; es handelt sich hierbei nicht nur um eine idealtypische Stadtansicht. Man kann vielmehr einzelne Elemente erkennen: in der Mitte das Kolosseum, davor mit Kuppeldach das Pantheon (damals die Kirche Sancta Maria Rotunda), auf der rechten Seite den Tiber. Hier wird die Erneuerung der Romidee und damit Ludwigs Kaisertum propagiert.

Besonders augenfällig wird die Inszenierung herrscherlicher Autorität durch künstlerische Darstellung bei vier Urkundenillustrationen zwischen 1332 und 1339 (s. Abb. S. 102/103). Der Buchstabe ›L‹ ist hier als prunkvolle Initiale gestaltet: Den Schaft ziert ein Bild des Kaisers, die jeweiligen Urkundenempfänger stehen oder knien vor ihm. Ludwig ist mit Krone, Zepter und meist dem Reichsapfel gezeigt; die sehr unterschiedliche Darstellung der Gesichtszüge verdeutlicht, dass wir es nicht mit Miniatur-Portraits zu tun haben. Die Initialen sind im Original um die zehn Zentimeter groß. Bezeichnend ist, wie unterschiedlich die Körperhaltung der Urkundenempfänger ausgestaltet ist: Die Bürger von Dortmund knien vor dem thronenden Kaiser und werfen sich ihm zu Füßen, die Herzöge von Pommern erscheinen mit Fahnenlanze und aufrechter als die Bürger, dem Hochmeister des Deutschen Ordens geht der Kaiser freundlich lächelnd entgegen und Balduin, dem Erzbischof von Trier, begegnet er fast schon auf Augenhöhe. Körperhaltung drückt hier politischen Einfluss und Stellung im hierarchischen Gesellschaftsgefüge aus.

8 Verdammung, Gegenkönig, Tod (1341–1347)

NEUE BÜNDNISSE: WANKELMUT ODER PRAGMATISMUS?

Das 1338 in Koblenz pompös inszenierte Bündnis mit Eduard III. hatte nur wenige Jahre Bestand. Bereits 1340 näherte Kaiser Ludwig sich dem französischen König Philipp VI. an, und 1341 schlossen die beiden ein Freundschaftsbündnis; im gleichen Jahr hob Ludwig das Reichsvikariat Eduards wieder auf. Der Kaiser garantierte Philipp die Besitzungen der französischen Krone und gelobte ihm lebenslange Bündnistreue; im Gegenzug versprach der französische König, beim Papst für die Sache des Bayern einzutreten. Philipp und Ludwig nahmen hier einen Politikwechsel vor, der vor dem Hintergrund der Distanz und Feindschaft der vergangenen Jahre überrascht. Für den französischen König war Ludwigs Einfluss im Nordosten des Reiches von Interesse: Als Gemahl einer Tochter des Grafen von Holland und Hennegau war dieser ein wichtiger Partner. Durch die Allianz von 1341 suchte Philipp den Einfluss Eduards zu schwächen und sich einer möglichen Gefahr an der Westgrenze seines Reiches zu entledigen. In die gleiche Richtung zielte die Aufhebung des Reichsvikariats, die ebenfalls Bestandteil der französisch-wittelsbachischen Absprachen war.

Ludwig dagegen erhoffte sich von dem Abkommen vornehmlich zweierlei: Zum einen sollte der Einfluss des französischen Königs auf die Kurie Ludwigs Verhandlungsposition im Streit mit Papst Benedikt XII. verbessern. Zum anderen konnte er ein Gegengewicht zur traditionellen Allianz zwischen dem französischen Königshof und der Dynastie der Luxemburger aufbauen. König Johann von Böhmen pflegte sehr enge Beziehungen zum französischen Hof; sein Sohn Karl – der spätere Karl IV. – war mit einer Schwester König Philipps, Blanche von Valois, verheiratet. Ludwig hoffte wohl, dieses Bündnis neutralisieren zu können. Zudem hatte Eduard III. seine 1338 geleisteten Zahlungsversprechen nicht vollständig erfüllt, so dass Ludwig sich nicht mehr an den Vertrag gebunden fühlte.

Der Bündniswechsel von 1341 hat Ludwig viel Kritik eingetragen und ist maßgeblich dafür verantwortlich, dass er als wankelmütig oder prinzipienlos angesehen wurde und wird. An den Reaktionen der Zeitgenossen und der Beurteilung in der Forschung lässt sich festmachen, wie sich Bewertungsmaßstäbe verschieben können.

Diejengen Chronisten, die Ludwig kritisch gegenüberstanden, hatten viel Spott für ihn übrig. Johann von Winterthur etwa bemerkt spitz, Ludwig habe lieber im Reich ein Bekenner bleiben als in Frankreich ein Märtyrer werden wollen. Den Vorwurf der Feigheit fasst der Chronist an anderer Stelle in einen kleinen Dialog zwischen Kaiser und Kaiserin: Als Ludwig keine Anstalten macht, seine Verpflichtungen zu erfüllen und mit Eduard gegen Frankreich in den Krieg zu ziehen, bittet ihn seine Frau Margarete unter Tränen, er möge sein Wort halten. Darauf Ludwig: »Du begehrst einen anderen Mann und darum mahnst Du mich, dass ich mich in die Entscheidung und Gefahren der Schlachten mischen und hingeben soll.«[40] Selbst als Ludwig von (s)einer Frau bei der Ehre gepackt wird, steht er also aus Angst vor Krieg und Tod nicht zu seinem Wort. Hier und bei anderen Chronisten wird deutlich, dass die Zeitgenossen Ludwigs Verhalten nach den Kategorien Ehre oder Prestige beurteilt haben. Sie konzentrieren sich auf den Wortbruch des Kaisers und attestieren ihm Feigheit.

In der modernen Forschung war lange Zeit weniger der Wortbruch als die Wankelmütigkeit in der Politik des Wittelsbachers ein Thema. Ludwig sei planlos von einer Allianz in die nächste getaumelt und habe langfristige Konzeptionen vermissen lassen. In jüngerer Zeit werden die Ereignisse jedoch anders interpretiert: Ludwig habe seine Politik an einem Ziel, nämlich der Versöhnung mit dem Papsttum, ausgerichtet und dafür – je nach den situativen Erfordernissen – unterschiedliche Mittel in Anschlag gebracht. Der Bündniswechsel ist dann weniger seiner Wankelmütigkeit zuzuschreiben und keine Frage des Charakters, sondern vielmehr Ausweis politischer

Klugheit. Ludwig habe die Vor- und Nachteile der Bündnisoptionen erkannt, abgewogen und sich im Sinne seines Zieles entschieden. Je nach Sichtweise war Ludwig also ein feiger Drückeberger, ein wankelmütiges politisches Leichtgewicht oder ein kühl kalkulierender Stratege. In diesen gewandelten Zuschreibungen spiegeln sich immer auch die jeweiligen Zeitumstände wider. Angesichts einer Politik, die ›auf Sicht fährt‹ und eher situativ den jeweils ›alternativlosen‹ Weg einschlägt, hat man heute mehr Verständnis für pragmatisches und unideologisches Vorgehen.

Gleich wie man Ludwigs Verhalten beurteilt – letztlich erfolgreich war sein Bündniswechsel nicht: Es gibt zwar Anzeichen dafür, dass Philipp VI. sich bei der Kurie für Ludwig einsetzte, es kam aber zu keiner Einigung. Papst Benedikt XII. starb am 25. April 1342, und sein Nachfolger, Clemens VI., suchte schnell die Konfrontation mit Ludwig dem Bayern.

LUDWIG UND CLEMENS VI.

Clemens VI. war der letzte Papst, mit dem Ludwig IV. sich auseinandersetzen musste. Er überlebte den Kaiser und hatte maßgeblichen Anteil daran, dass dieser als Gebannter starb. Schon vor seiner Wahl zum Papst hatte er in einer Predigt Stellung gegen Ludwig den Bayern bezogen. Mathias von Neuenburg berichtet in seiner Chronik von einem Wortspiel des damaligen Erzbischofs von Rouen: Der Beinamen »Bavarus« leite sich von »Baurus« her, was wiederum auf die Unfähigkeit zur Bartpflege hindeute. Grundlage des Witzes ist der ähnliche Klang von lateinisch *barba* (der Bart) und deutsch *baurus* (der Bauer). Ludwig lasse so viele Abscheulichkeiten aus seinem Mund, dass er seinen Bart nicht sauber halten könne.[41] In dieser stilisierten Anekdote zeigt sich die Erkenntnis, dass mit dem neuen Papst Clemens kein grundsätzlicher Neuanfang zwischen Kaiser und Kurie zu erwarten war.

Auch unter Clemens VI. kam es zu Verhandlungen um die Absolution des Bayern. Wie schon unter den Vorgängern gestaltete sich die Prozedur im Detail kompliziert. Bemerkenswert ist dabei eine Offerte Ludwigs, die 1344 verhandelt wurde.

Hierin ermächtigte er seine Unterhändler, eine päpstliche Approbation für sein Königtum zu erwirken. Dies muss nach Heinz Thomas nicht zwingend als Widerspruch zu den Rhenser Beschlüssen gedeutet werden, weil nicht explizit von einer konstitutiven Wirkung der päpstlichen Zustimmung die Rede war.[42] Dennoch lässt dieser Schritt aufhorchen: Ludwig kam dem Papst sehr weit entgegen – offensichtlich in Sorge um sein Seelenheil. Bei allem politischen Taktieren stand die heilsvermittelnde Funktion der Kirche außer Zweifel, und der Papst war ihr Oberhaupt.

Mathias von Neuenburg vermerkt als Reaktion der Kurie auf den ungewöhnlichen Schritt Ludwigs: »Er hat durch seinen Unglauben den Verstand verloren.«[43] Genau an diesem Punkt waren aber das persönliche Schicksal Ludwigs IV. und die weitere Entwicklung der Reichsverfassung untrennbar miteinander verbunden. Zu einem Treffen Ludwigs mit den Kurfürsten in Bacharach im September 1344 erzählt Johann von Winterthur von folgender Reaktion der Fürsten: »Wir raten Euch nicht und stimmen auch nicht dazu, dass Ihr jene Bedingungen [der Kurie] annehmt, weil sie zum Abbruch und Nachteil Eurer und unserer Würde für immer umschlagen können. Sondern wir raten Euch vielmehr, dass Ihr die Rechte des Reiches, der Ehre und Eurer und unserer Hoheit aus allen Kräften festhaltet.«[44] Mochte Ludwig bereit sein, um seines Friedens willen die Approbation zu akzeptieren – die Fürsten waren es nicht. Clemens hatte die reichsrechtliche Dimension der Approbation betont, was das Wahlrecht der Kurfürsten gemindert hätte. Auf dieser Grundlage konnte es zu keiner Einigung kommen.

Clemens griff daher zum äußersten Mittel und sprach am Gründonnerstag 1346 eine Verfluchung über Ludwig IV. aus: »Verflucht sei sein Eingang und sein Ausgang. Es schlage ihn Gott mit Wahnsinn, Blindheit und Tollwut. Der Himmel schleudere seine Blitze auf ihn. [...] Der Erdkreis kämpfe gegen ihn. Die Erde öffne sich und verschlinge ihn lebendig.«[45] Das sind starke Worte, die den Zorn der Papstkirche ebenso wie ihre Hilflosigkeit dokumentieren. Direkte politische Folgen hatte diese Verfluchung nicht mehr.

Ludwig und die Kirchenpolitik

Die Kirchenpolitik Ludwigs IV. ist in der Forschung umstritten, bis hin zu der Frage, ob es dergleichen überhaupt gegeben hat. Ist Ludwig in seinem Herrscherhandeln gegenüber Klöstern, Kirchen und Bistümern einer bestimmten Konzeption gefolgt oder hat er eher situativ und reaktiv entschieden? Wie weit ist sein Agieren vom Streit mit der Kurie geprägt? Ist die Kirchenpolitik für Bayern von der im Reich zu unterscheiden?

Etliche Maßnahmen des Kaisers, Königs und Herzogs gegenüber den Kirchen in seinem Einflussbereich sind als Teil des Streites mit dem Papsttum zu werten. Dazu gehören etwa die Erlasse gegen Kleriker, die sich den päpstlichen Anordnungen zum Interdikt fügten und sich weigerten, die Messe zu lesen. Gegen sie ging Ludwig mitunter sehr hart vor und drohte etwa an, alle ihre Güter zu konfiszieren. Auch die Besetzung von Bistümern im Reich war Teil der königlichen Kirchenpolitik und immer auch politisch zu lesen. Hier ging es darum, Parteigänger zu fördern und sich gegen die Kurie zu positionieren. Ein Machtinstrument war hierbei das Wahlrecht der Domkapitel, das in Konkurrenz zum päpstlichen Anspruch stand, Bistümer zu vergeben. Ludwig und die Domkapitel einte somit der Wunsch, die Autorität der päpstlichen Zentrale zu beschneiden.

Jenseits des Kampfes mit Avignon ist es nicht einfach, eine einheitliche Linie auszumachen. Ludwig tritt uns immer in doppelter Funktion entgegen: Als König war er auf Reichsebene, als Herzog auf Landesebene aktiv. Beide Rollen konnten unterschiedlichen Zielen verpflichtet sein. Als König war ihm an der Wahrung der Reichsrechte gelegen, die die Eigenständig von Reichsklöstern oder bestimmte Privilegien der Bischöfe umfassten. Als Herzog und Landesherr wollte Ludwig hingegen die Herrschaftsrechte in seinem Herzogtum vereinheitlichen und möglichst weitgehend auf sich selbst ausrichten. Das bedeutete etwa, reichsunmittelbare Klöster unter herzogliche Kontrolle zu bringen. So verfügte Ludwig, dass die Hochgerichtsbarkeit – also Rechtsfälle, die mit Körper- oder Todstrafe belegt werden konnten – der Klöster Tegernsee und Benediktbeuren beim landesherrlichen Gericht liegen sollte. Den Klöstern gestand er nur mehr die niedere Gerichtsbarkeit zu. Diese Maßnahmen standen in der Tradition seiner herzoglichen Vorgänger und stärkten das Herzogtum letztlich auf Kosten des Reiches.

KURFÜRSTEN UND PAPSTTUM: KARL IV. WIRD ZUM GEGENKÖNIG

Clemens VI. verfolgte allerdings noch eine andere Strategie gegen Ludwig den Bayern: Er betrieb die Wahl eines neuen Königs. Einen geeigneten Kandidaten hatte er im Markgrafen Karl von Mähren gefunden, dem Sohn König Johanns von Böhmen aus dem Haus der Luxemburger. Der junge Karl IV. war am französischen Königshof unter anderem vom späteren Papst erzogen worden. Zum Jahr 1340 erzählt Karl in seiner Autobiografie von einem Treffen mit dem damaligen Kurienkardinal in Avignon. Es entspann sich folgender Dialog: Der Kardinal zum Markgraf: »Du wirst noch König der Römer werden.« – Darauf der Markgraf zum Kardinal: »Du wirst vorher Papst sein.«[46] Das ist eine in der Rückschau erzählte, gute Geschichte, welche die enge Beziehungen Karls IV. zur Kurie belegt.

Im August 1343 schrieb Clemens an Balduin, den Erzbischof von Trier, einen Brief, in dem er die Wahl eines neuen Königs ansprach. Für dieses Vorhaben fand er im Reich Verbündete, die in Opposition zum Kaiser standen und am 11. Juli 1346 gegen ihn den Luxemburger Karl IV. wählten. Damit war nicht nur der Anfang, sondern auch das Ende von Ludwigs Königtum von rivalisierenden Ansprüchen auf die römisch-deutsche Königskrone geprägt.

Doch wie war es dazu gekommen, dass Ludwig die Unterstützung im Reich abhandengekommen war, die er 1338 noch so glorreich hatte in Szene setzten können? Entscheidend ist hier

110

Karl IV. – Skulptur von Peter Parler im Dom zu Prag (14. Jahrhundert)

das Zusammenspiel der Kurfürsten mit Papst Clemens VI. Für das Auseinanderdriften von Kurfürsten und Kaiser gab es mehrere Gründe: Zunächst ist es wichtig, die Kurfürsten nicht als monolithischen Block zu verstehen, der sich geschlossen gegen Ludwig IV. wandte. Sein gleichnamiger Sohn etwa, der Kurfürst und Markgraf von Brandenburg, stand treu zu seinem Vater. Der maßgebliche Akteur und Königsmacher war hingegen Erzbischof Balduin von Trier, der 1314 Ludwig gewählt hatte.

Mit der Erwähnung der Markgrafschaft Brandenburg ist ein Grund angesprochen, der die Kurfürsten auf Abstand zu Ludwig gehen ließ: die erfolgreiche Hausmachtpolitik des Wittelsbachers. Michael Menzel bringt es auf diese Formel: »Das war das Ende der fürstlichen Solidarität mit dem übermächtig gewordenen Kaiser.«[47] Hier zeigen sich zwei Seiten des spätmittelalterlichen Königtums: Ludwig hatte seine Möglichkeiten als Reichsoberhaupt zu Gunsten seiner Familie und Hausmacht eingesetzt. Dennoch war er auf die Unterstützung der Reichsfürsten, allen voran der Kurfürsten angewiesen. Einzelne Erweiterungen der wittelsbachischen Hausmacht kann man dabei als Wegmarken ausmachen, an denen für bestimmte Reichsfürsten oder Dynastien das Maß voll war: Schon die Einsetzung seines Sohnes in die Mark Brandenburg 1323 hatte König Johann von Böhmen verärgert; das Ausgreifen auf Tirol 1342 entfremdete die Luxemburger endgültig. Hier waren nicht nur böhmisch-luxemburgische Machtinteressen tangiert – hier wurde auch das Prestige des böhmischen Königssohnes Johann Heinrich mit Füßen getreten. Als dann 1346 die Grafschaften Holland und Seeland unter wittelsbachische Kontrolle kamen, fiel auch Balduin von Trier von Ludwig ab.

Gerade am Erzbischof von Trier zeigt sich freilich, dass die Motivationslage der Kurfürsten komplex war und sie nicht nur auf das Anwachsen der wittelsbachischen Hausmacht reagiert haben. Es war vielmehr ein Bündel von Gründen, das Balduin von seinem Ludwig-freundlichen Kurs abbrachte.

Da sind zunächst die Interessen des Kurfürstentums Trier zu nennen. Balduin machte Karl zum König und ließ sich dafür Rechte und Privilegien zusichern. Darüber hinaus attestiert Ernst Schubert Balduin aber auch reichsrechtliche Motive.[48] Entscheidend hierfür ist die Frage, ob Balduin im Einklang mit oder in Abkehr vom Rhenser Weistum gehandelt hat. Unterstellt man dem Erzbischof vornehmlich Eigennutz und dynastisches Interesse bei der Wahl seines Großneffen Karl, verstellt das den Blick auf die reichsrechtlichen Implikationen der Wahl von 1346, die man als Schutzhandlung für die Interessen der Kurfürsten und den Wahlgedanken im Reich verstehen kann. Ludwig hatte in den Verhandlungen mit Clemens Bereitschaft erkennen lassen, die Approbation zu akzeptieren – es bestand die Gefahr des päpstlichen Einflusses auf das römisch-deutsche Königtum. Dies bedrohte die in Rhense formulierten Vorstellungen der Kurfürsten und brachte Balduin von Trier dazu, die Wahl eines neuen Königs voranzutreiben. Er agierte dabei zwar in Übereinstimmung mit dem Papst, aber im Sinne des kurfürstlichen Wahlgedankens.

Dies fand deutlichen Ausdruck bei der Wahl Karls IV.: Sie fand in Rhense statt – also an dem Ort, der symbolhaft für das eigenständige Agieren des Kurfürstenkollegiums stand – und wurde damit begründet, dass der Königsthron durch päpstlichen Spruch vakant sei. Die wählenden Kurfürsten – die Erzbischöfe von Trier, Köln und Mainz, der Herzog von Sachsen und der König von Böhmen – gaben also den Anspruch auf ihr Königswahlrecht keineswegs auf, schlossen sich nun aber den päpstlichen Vorbehalten gegen Ludwig IV. an. Die Anlehnung an das Rhenser Weistum zeigt sich auch in dem hier angewandten Mehrheitswahlrecht: Fünf Stimmen reichten aus, die beiden wittelsbachischen Kurstimmen – die Pfalzgrafschaft bei Rhein und die Mark Brandenburg – waren entbehrlich.

Karl IV. ist als ›Pfaffenkönig‹ verunglimpft worden, weil er mit Hilfe des Papstes und der geistlichen Kurfürsten zur Königswürde kam und nach seiner Wahl die Approbation durch Clemens VI. erhielt. Bezeichnend ist aber, dass sich in der Wahlanzeige, die Balduin von Trier am 11. Juli 1346 an den Papst schickte, kein Hinweis auf die Approbation findet. Die Königswähler baten lediglich darum, Clemens möge Karl zum Kaiser krönen. Auch wenn Karl die Zustimmung des Papstes fand, hielten die Kurfürsten doch an der 1338 formulierten Rechtsauffassung fest. Ihr Agieren richtete sich gegen Ludwig IV., nicht gegen die Vorstellungen einer papstfreien Königserhebung.

GEGENKÖNIGTUM OHNE THRONSTREIT

Für diese Interpretation sprechen auch die Art und Weise der Wahl Karls sowie die Vorgänge danach. Die Abstimmung fand ohne viel Aufheben, fast schon geheim statt. Karl agierte anschließend sehr zurückhaltend und stellte seine neue Würde

113

nicht propagandistisch zur Schau. Vielmehr begab er sich verkleidet in sein Königreich Böhmen. Die luxemburgische Partei machte keine Anstalten, das neue Königtum militärisch durchzusetzen. Ludwigs Herrschaft blieb de facto unwidersprochen, und es kam nicht – wie 1314 – zu einem kriegerisch ausgefochtenen Thronstreit. Die Wähler von Rhense hatten offensichtlich ihr Ziel erreicht: Der päpstliche Einfluss auf die deutsche Königswahl war zurückgewiesen, ein neuer König von der Mehrheit der Kurfürsten gewählt und das Reich damit für die Zeit nach Ludwig gewappnet.

Dieser erscheint in der letzte Phase seiner Herrschaft reichspolitisch eher passiv. Er erkannte Karls Königtum selbstverständlich nicht an; ein Versuch, seinen ältesten Sohn Ludwig zum Thronfolger wählen zu lassen, war am vorhersehbaren Widerstand der Kurfürsten gescheitert. Letztlich konnte Ludwig die beiden wittelsbachischen Kurstimmen nicht in eine dynastische Nachfolge umsetzen. Die Erfolge seiner Hausmachtpolitik standen somit einer erfolgreichen Dynastiebildung auf Reichsebene im Wege. Darüber hinaus waren alle Versuche Ludwigs, den Konflikt mit der Kurie einer Lösung zuzuführen, gescheitert. Es ist bemerkenswert, dass er sich seit der Exkommunikation 1324 mehr oder weniger kontinuierlich mit diesem Problem auseinandersetzte. Sowohl seine Kaiserkrönung als auch seine Bündnispolitik lassen sich in diesen Kontext verorten. Bis 1346 ist der Kontakt zur Kurie nie gänzlich abgerissen: Zahlreiche Delegationen wurden nach Avignon entsandt. Ludwig ist es dabei weder gelungen, von der Exkommunikation gelöst zu werden, noch das avignonesische Papsttum entscheidend zu schwächen oder unter Druck zu setzen – sein Gegenpapst Nikolaus V. blieb eine kurzlebige Episode. Doch auf der anderen Seite waren auch die Bemühungen der Kurie letztlich erfolglos: In einer Auseinandersetzung von 23 Jahren hatten es drei Päpste nicht ver-

Grabplatte für das Grab Ludwigs IV., von Herzog Albrecht IV. für die 1470 neu erbaute Münchener Frauenkirche in Auftrag gegeben

115

mocht, Ludwig zum Einlenken zu bewegen – trotz zahlreicher Prozesse, Exkommunikation und Interdikt übte er am Ende faktisch noch immer die Herrschaft als Herzog, König und Kaiser aus.

Daran änderte im Übrigen auch das Gegenkönigtum Karls nichts. Dieser und seine Wähler warteten ab und setzten angesichts des fortgeschrittenen Alters des Wittelsbachers von etwa 64 Jahren auf eine ›biologische Lösung‹, und diese trat zeitnah ein: Am 11. Oktober 1347 starb Kaiser Ludwig IV. in der Nähe des Klosters Fürstenfeld bei München – in Bayern. Man vermutet, dass er einem Schlaganfall erlegen ist.

LUDWIGS ENDE

Ludwig IV. starb nicht im Kampf gegen Karl IV. oder weil sich die Erde im Sinne des päpstlichen Bannfluches aufgetan hätte. Der Kaiser fand sein Ende vielmehr auf der Bärenjagd – für einen Adeligen des 14. Jahrhunderts standesgemäß. Trotz der Wahl Karls IV. zum Gegenkönig war Ludwigs Herrschaft letztlich bis zu seinem Tod intakt. In der Verdammung von 1346 hatte Clemens VI. gerufen: »In einer Generation werde sein Name zunichte und verschwinde sein Gedächtnis von der Erde.« Das hat sich nicht erfüllt. Heute ist uns Ludwig IV. als der einzige Wittelsbacher auf dem mittelalterlichen Kaiserthron gegenwärtig. Es entbehrt dabei nicht einer feinen Ironie, dass das unter dem Beinamen geschieht, den Johannes XXII. einst ersonnen hatte, um ihn zu schmähen: Ludwig der Bayer.

In der Rückschau ist Ludwig aus der Konfrontation mit der Kurie also in zweifacher Hinsicht siegreich hervorgegangen. In seiner Zeit wie in der heutigen Memoria hat er sich als Kaiser behauptet.

9 Ludwig – ein erfolgreicher Herrscher?

Wie beurteilt man Erfolg oder Misserfolg eines mittelalterlichen Herrschers? Das Urteil hängt wesentlich von der Art und Weise ab, wie man als heutiger Historiker die Fragen stellt. Entscheidend sind hierbei vor allem drei Aspekte: Kategorie, Zeitpunkt und Maßstab.

So hatte Ludwig IV. im Laufe seines Lebens verschiedene Würden inne (Herzog, König und Kaiser) und agierte auf unterschiedlichen Politikfeldern (Landesherr, Dynast, Auseinandersetzung mit dem Papsttum, Bündnispolitik oder Reichsverfassung). Angesichts dieses Spektrums kann man eine Gesamtbetrachtung versuchen – oder unterschiedliche Kategorien der Herrschaft separat voneinander würdigen. Dann kann etwa der Landesfürst als erfolgreich und der Kaiser als glücklos bezeichnet werden.

Des Weiteren ist der Zeitpunkt von Bedeutung: Wann zieht man die Bilanz eines Herrscherlebens? Diese Frage bezieht sich einmal auf den historischen Zeitpunkt innerhalb oder nach dem Leben des Herrschers, zu dem man seine Bewertung ansetzen möchte. Der Tod des Herrschers ist in diesem Kontext eine willkürliche Zäsur. Schaut man über ihn hinaus, zeigt sich, wie beständig bestimmte Entwicklungen waren.

Aber auch der Zeitpunkt der Beurteilung ist entscheidend, weil er für die zugrundeliegenden Maßstäbe von Bedeutung ist. Heute stellen wir andere Fragen als noch im 19. Jahrhundert und urteilen dementsprechend anders.

Bei der Beurteilung hängt darüber hinaus alles vom angelegten Maßstab ab. Was macht einen spätmittelalterlichen Herrscher erfolgreich? Hier bieten sich unterschiedliche Verfahren an, zum Beispiel der Vergleich mit anderen Personen des 14. Jahrhunderts: seinem Nachfolger auf dem Thron, seinem Mitkönig, seinem Vater, älteren Bruder oder seinen Söhnen. Will man abstrakte Maßstäbe anlegen, ist zwischen zeitgenössischen und modernen Parametern zu unterscheiden. Misst man Ludwig an dem, was das 14. Jahrhundert als entscheidend ansah, oder entwirft man eigene Kategorien, die man an das Spätmittelalter heranträgt? Die folgenden wertenden Ausführungen zur Herrschaft Ludwigs können vor dem Hintergrund dieser Überlegungen allenfalls vorläufigen Charakter haben.

LUDWIG IM VERGLEICH

Heinz Thomas hat darauf verwiesen, dass Ludwig in der Wahrnehmung der Forschung lange Jahre im Schatten seines Nachfolgers Karl IV. stand.[49] Dessen Königtum gilt oftmals als der Höhepunkt der deutschen (oder gar europäischen) Geschichte des 14. Jahrhunderts. Hierfür sind vor allem die Gründung der Universität in Prag 1348, Karls hohe Bildung und sein angeblich gewaltvermeidender Politikstil verantwortlich. Daneben wirkt Ludwig etwas unbeholfen und wenig strahlend. Gerade bezüglich der Friedfertigkeit Karls hat sich das Bild in der Forschung freilich gewandelt: Er hat sich selbst durchaus auch als erfolgreichen Krieger stilisiert und zahlreiche Kriege geführt. Die daneben zu beobachtende Betonung diplomatischer Lösungen ist ebenso Teil der luxemburgischen Herrscherpropaganda – wie Konsequenz finanzieller Not. Hier zeigt sich auch, wie zeitgebunden Urteile sind: In Phasen von Kriegsvermeidung und Pazifismus nach dem Zweiten Weltkrieg erscheint eine gewaltfreie Politik als vorbildhaft. Das 14. Jahrhundert betonte demgegenüber die kriegerischen Qualitäten eines Königs und seine persönliche Tapferkeit.

Auf etlichen Feldern kann man Karls Königtum dabei als Reaktion auf dasjenige Ludwigs verstehen: Die Regelungen zur Königswahl, die Karl 1356 in der Goldenen Bulle festgeschrieben hat, sollten Doppelwahlen wie die von 1314 vermeiden und setzten konsequent die Politik Ludwigs IV. fort, den päpstlichen Approbationsanspruch zurückzudrängen.

Man sollte Ludwig aber nicht nur mit seinem Nachfolger vergleichen. Gegenüber Friedrich dem Schönen erscheint er als erfolgreicher König, der aus einer ungünstigen Ausgangslage zum allgemein anerkannten Königtum gelangte und seinen habsburgischen Rivalen marginalisieren konnte; er war Friedrich in der Schlacht von Mühldorf überlegen und verstand es

118

danach, die Habsburger mit dem Vertrag von München an seine Sache zu binden. Auch in seiner eigenen Familie steht Ludwig IV. im Vergleich gut da, wenn man Herrschaftsdurchsetzung und Würden in Betracht zieht. Seinem Vater Ludwig II. war das Königtum noch verwehrt geblieben; er hatte als Königsmacher 1273 den Habsburgern zum Thron verholfen. Sein Sohn hingegen setzte sich gegen die Habsburger im Thronkampf durch. Er konnte dabei auf den landesherrlichen Grundlagen aufbauen, die sein Vater gelegt hatte, so dass man seinen Erfolg auch als Konsequenz einer gelungenen dynastischen Politik verstehen kann.

Freilich hatte Ludwig starken Widerstand aus der eigenen Familie zu gegenwärtigen, vor allem seitens seines älteren Bruders Rudolf: Ihn hat Ludwig politisch überflügelt und regelrecht kaltgestellt. Rudolf hatte immer wieder Politik gegen seinen Bruder betrieben. Umso bemerkenswerter erscheint es, dass Ludwig sich nicht nur gegen einen Thronrivalen, sondern auch gegen den eigenen Bruder durchsetzen konnte, denn während die Habsburger geschlossen hinter ihrem Kandidaten standen, kämpfte Ludwig ohne dynastische Rückendeckung.

Ein erfolgreiches Agieren aus ungünstiger Ausgangslage heraus kann man Ludwig auch in der Auseinandersetzung mit der Kurie attestieren. In der Beurteilung moderner Politik spielt dabei immer die Frage eine Rolle, wie erfolgreich avisierte Konzepte umgesetzt werden können. Die Übertragung dieses Parameters auf das 14. Jahrhundert steht jedoch zunächst vor der Schwierigkeit, die strategischen Ziele eines Herrschers rekonstruieren zu müssen. Wahlprogramme oder Konzeptpapiere liegen uns von Ludwig IV. selbstredend nicht vor, so dass wir gezwungen sind, aus seinen Taten und ihren Begründungen auf seine Vorhaben zu schließen. So schwierig das im Detail sein mag, können wir doch einige Grundelemente – gerade im Kampf mit der Kurie – erkennen. Diesen Konflikt hat Ludwig nicht aktiv gesucht; selbst im Kardinalskollegium war man überrascht, als Johannes XXII. 1323 – also sieben Jahre nach der Doppelwahl – plötzlich so massiv Partei gegen Ludwig ergriff. In den folgenden Auseinandersetzungen hat der Wittelsbacher dann immer an seiner Grundposition festgehalten: Der römisch-deutsche König bezieht seine Legitimation aus der Wahl der Kurfürsten und bedarf keiner päpstlichen Approbation. Mit großer Beharrlichkeit hat er diese Position verteidigt – und damit nicht nur sein Königtum, sondern auch einen wesentlichen Teil der Reichsverfassung. Dabei hat er immer den Kontakt mit der Kurie gehalten und nach einer Lösung gesucht. Er wollte eine Wiedereingliederung in die kirchliche Gemeinschaft unter Berücksichtigung seiner Würden bewirken.

Auch wenn dieses Ziel letztlich nicht erreicht wurde, kann man Ludwigs Agieren doch als konsequent, flexibel und pragmatisch werten. Er hat verschiedene Mittel zum Einsatz gebracht, um seine Position gegenüber den Päpsten zu stärken: Bündnisse mit England und Frankreich, sein persönliches Eingreifen in Italien und eine Kaiserkrönung, Ausgleich mit den Habsburgern und Schulterschluss mit den Kurfürsten – sowie zahlreiche Verhandlungen; hinzu kamen Traktate und propagandistische Aktionen. An verschiedenen Punkten kann man hierbei Ludwigs Pragmatismus festmachen: Sein Umgang mit den papstkritischen Intellektuellen, unter anderem aus dem Franziskanerorden, war weniger von doktrinären Anschauungen denn von situativem Nutzen geprägt. Seine Kaiserkrönung war antipäpstlich aber nicht – im Sinne eines Marsilius von Padua – Ausdruck eines säkulares Volkskaisertums.

Ludwig IV. taugt nicht als Projektionsfläche für frühdemokratische Tendenzen. Als deutlich visionärer kann man die im Münchner Vertrag 1325 beschlossene Etablierung des Doppelkönigtums begreifen. Hier wurde ein innovativer Weg zur Lösung von Thronstreitigkeiten aufgezeigt, der die Ansprüche der Dynastien mit dem Wahlrecht der Kurfürsten versöhnte. Als Produkt einer sehr speziellen politischen Konstellation am Vorabend von Ludwigs Romzug blieb dieses Projekt freilich Episode.

ZWISCHEN INNOVATION UND TRADITION

Ludwig bewegte sich also zwischen Innovationen und Traditionen. Dabei haftet seiner Herrschaft die Tragik an, dass er ein wichtiges politisches Ziel zwar erreichte, daraus aber nur bedingt Nutzen für seine Herrschaft ziehen konnte. Die erfolgreiche Zurückweisung des päpstlichen Approbationsanspruches führte zur Etablierung einer Königswahl ohne kuriale Einwirkungen. Die Wertung dieses Umstandes ist dabei wiederum dem Zeitgeist des Urteilers geschuldet: Heute sehen wir die Zurückdrängung der Kirche aus der Politik positiver als noch im 19. Jahrhundert.

Ludwig selbst hat diesen Erfolg nicht erlebt – er starb als Gebannter. Damit ist eine weitere Bewertungskategorie angerissen: die Nachhaltigkeit. Anders formuliert: Was bleibt von Ludwigs Herrschaft? In diesem Punkt bietet sich ein gesonderter Blick auf die verschiedenen Würden des Wittelsbachers an.

Als Herzog und Landesherr hat Ludwig einige weitreichende Entwicklungen angestoßen: Die im Hausvertrag von Pavia 1329 festgelegte Trennung von Pfalz und Oberpfalz von Oberbayern bei gleichzeitiger Beibehaltung der dynastischen Verbundenheit wirkte bis ins 18. Jahrhundert nach. Das oberbayerische Landrecht war ein wichtiger Schritt der Intensivierung der Landesherrschaft und ebenfalls weit über den Tod Ludwigs hinaus gültig. Weniger langfristig waren hingegen die Gebietserweiterungen. Blickt man auf das Todesjahr Ludwigs IV., ist die Bilanz seiner Hausmachtpolitik positiv: Er hat den Einflussbereich der Wittelsbacher um Holland, Seeland, Brandenburg und Tirol erweitert. Nach seinem Tod zeigte sich aber, dass diese Erwerbungen eher kurzlebig waren: 16 Jahre später ging Tirol verloren, Brandenburg nach 26 und Holland nach 78 Jahren. Die spätmittelalterlichen Hausmachterweiterungen der Habsburger waren demgegenüber deutlich langlebiger: Österreich und – mit Unterbrechung – Tirol blieben bis ins frühe 20. Jahrhundert habsburgisch.

Ludwig ist es außerdem nicht gelungen, das Königtum an seinen Sohn weiterzugeben und damit eine Königsdynastie zu begründen. Er war der einzige Wittelsbacher, der im Mittelalter römisch-deutscher König wurde. Auf die Reichspolitik bezogen bleiben von Ludwigs Herrschaft vor allem die Gesetze von 1338. Aus der Rückschau ist sein Königtum Teil einer Entwicklung, die Macht und Einfluss der Reichsfürsten gegenüber

dem Königtum stärkte. Die Territorialisierung fand im römisch-deutschen Reich auf der Ebene der Landesherrschaften
statt, nicht auf der des Reiches. Dafür ist auch die Tatsache
verantwortlich, dass die Könige ihre reichsrechtliche Stellung
zum Nutzen ihrer Dynastie einsetzten; darin unterscheidet
sich Ludwig nicht von seinen Vorgängern und Nachfolgern.

Auch sein Kaisertum hat nicht traditionsbildend gewirkt.
Ludwigs Nachfolger Karl IV. knüpfte wieder an die papst-
freundliche Politik des Vorgängers, Heinrichs VII., an und
ließ sich unter Beteiligung des Papstes zum Kaiser krönen.
Begreift man Ludwigs Kaiserkrönung als pragmatische Reaktion auf konkrete Umstände und nicht als programmatische
Vision, ist diese Entwicklung auch wenig verwunderlich: Er
wollte sich nicht von Papsttum und Kirche allgemein distanzieren, sondern sein Kaisertum von Johannes XXII. unabhängig machen.

Als letzte Kategorie bleibt schließlich die Frage nach Intention und Akzidenz. Was hat Ludwig willentlich und planvoll
umgesetzt, was ist ihm – eher unvermutet – zugefallen? Zu
Letzterem zählen so unterschiedliche Dinge wie die Kandidatur 1314, das Erbe von Holland und Seeland oder die Koopera-
tionsmöglichkeiten mit papstkritischen Franziskanern. In diesen Fällen kann man Ludwig attestieren, günstige Gelegenhei-
ten konsequent ergriffen zu haben. Ergebnisse intentionaler
Politik waren hingegen das Reichsgesetz *Licet iuris* oder das
oberbayerische Landrecht. Hier setzte Ludwig ganz bewusst
Akzente, für die er planvoll den Rahmen schuf. Dabei zeigen
sich deutlich die Intentionen des Wittelsbachers für sein Kai-
ser-, König- und Herzogtum.

Nimmt man nun all diese Kategorien zusammen, erscheint
Ludwig besonders in zwei Bereichen erfolgreich: Als König und
Kaiser wies er den päpstlichen Approbationsanspruch nach-
drücklich zurück – als Herzog trieb er die Intensivierung der
Landesherrschaft voran.

Die Kirche des Klosters Ettal heute

Kloster Ettal

Ludwig war auch als Stifter und Förderer von Klöstern aktiv. 1330 gründete er, als Kaiser aus Italien zurückkehrend, das Kloster Ettal. Die vielschichtigen Beweggründe dieser Stiftung zeigen uns, wie komplex die Kirchen- und Klosterpolitik Ludwigs sein konnte. Zunächst ist diese Gründung sicherlich auch als propagandistischer Akt des frisch gekrönten und gebannten Kaisers zu werten, der sich gegenüber der Kurie positionieren wollte. Darüber hinaus sollte man das religiöse Motiv der Sorge um das eigene Seelenheil nicht als bloße Rhetorik abtun. In der Stiftungsurkunde vom 1. April 1332 ist zu lesen: »Daz unserm Herren als loblich und als andechtichlich darinne [im Kloster Ettal] gedient werde, daz wir und alle unser Vordern und Nachkomen, und alle Kristenheit an Sel und Leib, gen Gott getröstet werden, das

helf und der Vater und der Sun und der heilige Geist.«[50]
Die Klosterinsassen sollten durch ihre Gebete das Seelenheil des Stifters und seiner Familie befördern. Hinzu
kommen machtpolitische Interessen, die Gegend rund
um das Kloster zu erschließen und den Verkehrsweg
zwischen München und Innsbruck zu sichern.

In zweifacher Hinsicht bemerkenswert ist die Ausgestal-
tung der Stiftung. Die Kirche wurde als zwölfeckiger
Zentralbau errichtet; hier wurden Anklänge an die Gra-
beskirche in Jerusalem oder das Pantheon in Rom vermutet. Ebenso außergewöhnlich war die Zusammenset-
zung des Konventes: Neben 20 Benediktinermönchen
sollten in Ettal 13 Ritter mit ihren Frauen leben. Die
Stiftungsurkunde regelt ausführlich das Leben dieser
Rittergemeinschaft und legt etwa die Farbe der Kleidung (blau und grau für die Ritter, blau für die Frauen)
oder die Strafe für Ehebruch (öffentliche Buße bei Was-
ser und Brot) fest. Die Ritter und ihre Frauen sollten
fünfmal im Jahr die Heilige Kommunion empfangen,
Tanz und Glücksspiel waren ebenso verboten wie Tisch-
gespräche.

Diese Art der Ritter-Kommunität war in den 1330er-
Jahren ohne Vorbild. Sollte hier die Gemeinschaft der
Gralsritter nachgebildet oder lediglich verdienten
Kämpfern ein Auskommen gesichert werden? Regelungen in der Stiftungsurkunde zum Umgang mit im Kloster geborenen Kindern und der Möglichkeit der Wieder-
heirat legen nahe, dass Ettal nicht ausschließlich als Al-
tersitz konzipiert war.

Das Ritterstift überdauerte den Tod Ludwigs 1347 nur
um wenige Jahre. Die Benediktiner hingegen verblieben
bis zur Säkularisation 1803 und leben seit der Wiederbe-
gründung 1990 erneut dort.

10 Zum Nachleben Ludwigs

Am Anfang dieses Buches stehen zwei Bilder: Mit dem Grabmal Ludwigs IV. in der Münchener Frauenkirche (s. Umschlagmotiv und Abb. S. 9) und der Säule, welche an seinen Sieg bei Gammelsdorf erinnern soll (s. Abb. S. 35), sind zwei wesentliche Stränge des Nachlebens unseres Protagonisten benannt: die Erinnerungsarbeit der Wittelsbacher und die Instrumentalisierung Ludwigs im 19. Jahrhundert.

DIE WITTELSBACHER ERINNERN AN IHREN KAISER: DAS GRABMAL

Das Gedenken an Ludwig bewegte sich nach seinem Tod zunächst in den Bahnen religiöser Memoria, die bereits seit 1319 von ihm selbst initiiert worden war: Stiftungen sorgten dafür, dass im Rahmen von Messfeierlichkeiten für Ludwig gebetet und so an ihn erinnert wurde. 1391 etablierten seine Enkel eine neue Memorialstiftung in München: In vier Kirchen der Stadt sollten wöchentlich gleichzeitig Gedenkmessen gelesen werden. Diese Art der Erinnerung diente dem Seelenheil des Verstorbenen und den politischen Interessen der Hinterbliebenen, die sich so in die Tradition des kaiserlichen Vorfahren stellen konnten.

Dies wird besonders deutlich, wenn man das Grabmal Ludwigs betrachtet. Herzog Albrecht IV. der Weise gab für die 1470 neu erbaute Frauenkirche eine Grabplatte in Auftrag (s. Abb. S. 115). Deren Aufbau ist zweigeteilt: Oben sitzt Kaiser Ludwig mit gekreuzter Stola, Reichsapfel und Mitrenkrone auf einem Thron. In sakralisierender Pose thront der Kaiser hier wie Gottvater über seinen Nachkommen. Die untere – also irdische – Bildhälfte zeigt nämlich Herzog Ernst von Bayern und dessen Sohn Albrecht III. Vater und Sohn gehen in versöhnendem Gestus aufeinander zu. Herzog Ernst hatte die erste Gemahlin Albrechts, Agnes Bernauer, umbringen lassen, da die Verbindung nicht standesgemäß war. Mit der Versöhnungsszene setzte der Auftraggeber Albrecht IV., Sohn Albrechts III., die wiedergewonnene Eintracht des wittelsbachischen Fürstenhauses ins Bild. Die Grabplatte inszenierte also die Dynastie und deren Abkunft von Kaiser Ludwig. An dessen Darstellung als entrückter Himmelskaiser nahm – trotz Kirchenbann – offenbar niemand Anstoß.

1622 ließ Kurfürst Maximilian I. das Grab umgestalten und gab ihm seine heutige Form. Dieses Monument steht ganz im Zeichen des Kaisertums, die Person Ludwigs tritt in der Darstellung hingegen zurück. Die Grabplatte des 15. Jahrhunderts ist zwar eingearbeitet, aber nicht mehr in ihrer ursprünglichen Ikonografie zu erkennen. Zentral ist nicht das persönliche Kaisertum Ludwigs, sondern die Kaiserwürdigkeit der Wittelsbacher an sich. Ganz oben thront eine Kaiserkrone, darunter recken zwei Genien Insignien der kaiserlichen Macht in die Höhe: Reichsschwert, Zepter und Reichsapfel. An den vier Ecken stehen vier Grabwächter, welche die imperiale Tradition der Wittelsbacher betonen sollen: Sie tragen Standarten, welche die (fiktiven) Wappen dreier karolingischer Kaiser zeigen: Karls des Großen, Ludwigs des Frommen und Karls des Dicken. Der vierte führt das Wappen Ludwigs des Bayern. Hier werden die Wittelsbacher in die genealogische Abfolge der karolingischen Kaiser gestellt. Es manifestiert sich also ihr Anspruch, eine Kaiserdynastie zu sein.

KAISER LUDWIG DER BAYER IN DEN DEUTUNGEN DES 19. JAHRHUNDERTS

Vielen politisch-öffentlichen Bezugnahmen auf Ereignisse oder Personen aus der Vergangenheit liegt die Annahme zu Grunde, dass historische Tradition positiv deutbar ist, etwa im Sinne von Legitimation. Zuerst wird dabei eine Verbindung zwischen einem bestimmten Damals und dem Jetzt konstruiert und dann daraus etwas für die eigene Gegenwart abgeleitet. Diese Verbindungen können zum Beispiel räumlicher Natur (das Herzogtum Bayern im 14. Jahrhundert und das Land Bayern heute) sein oder auf Gruppenzugehörigkeiten abheben (wir Bayern heute, die Bayern damals). Aufhänger für diese Art der Erinnerungskreation sind oftmals Jubiläen – letztlich also Zufälligkeiten unseres Dezimalsystems. Ein Beispiel für das

Funktionieren dieser Mechanismen ist etwa die bayerische Landesausstellung »Ludwig der Bayer. Wir sind Kaiser!«, die 2014 in Regensburg an die Königskrönung Ludwigs IV. 1314 anknüpft.

Dieser Erinnerungsvorgang ist stets subjektiv und selektiv: Es sind immer die Bedürfnisse der Gegenwart, nicht vermeintlich objektive historische Größen, welche die Logik der Rezeption bestimmen. Dies bezieht sich nicht nur auf die Geschichtsbilder von Politik oder Heimatvereinen, sondern auch auf die der Geschichtswissenschaft; sie alle sind immer ein Ausdruck des jeweiligen Zeitgeistes. Dabei gilt oft: Was nicht passt, wird passend gemacht.

Gerade am Umgang mit Ludwig IV. im 19. Jahrhundert kann man diese Vorgänge gut beobachten. Das liegt an der bewegten Geschichte Bayerns in dieser Zeit und daran, dass die wechselvolle Herrschaft Ludwigs so viele Anknüpfungspunkte bietet. Grundlage aller öffentlichen Erinnerung war die dynastische Kontinuität vom 14. zum 19. Jahrhundert. Die Wittelsbacher stellten sich in die Tradition ihres Kaisers, und jede gesellschaftliche Gruppe konnte ihre Haltung zu Monarchie und Dynastie dadurch kommunizieren, wie sie Ludwig den Bayern erinnerte. Hier sind wir in einer Zeit angekommen, in der dieser Beiname der ursprünglich negativen Konnotation völlig entkleidet war. In diesem Wechselspiel von politischer Intention und Geschichtsbild zeigt sich, dass es dabei nicht um den *einen*, sondern den gerade *passenden* Ludwig ging.

Als Bayern 1806 Königreich wurde, verkündete Maximilian I. Joseph, dass der »baierische Staat sich zu seiner ursprünglichen Würde emporgehoben«[51] habe. Die Königserhebung wurde nicht als etwas Neues interpretiert, sondern als Rückbesinnung auf einen alten, rechtmäßigen Zustand. Nicht der Wille Napoleons, sondern historische Tradition wurde betont. Dabei kam Ludwig IV., dem König und Kaiser aus dem Hause Wittelsbach, eine entscheidende Bedeutung zu.

In diesen Kontext gehört etwa das Kaiser-Ludwig-Monument, das 1809 bei Puch aufgestellt wurde. Dieses Erinnerungsprojekt ging ursprünglich auf die Initiative des Klosters

Das Kaiser-Ludwig-Monument, 1809 bei Puch errichtet

Fürstenfeld zurück, das Ludwigs Vater als Sühneleistung gestiftet hatte. In der Nähe des Klosters war Ludwig IV. gestorben, und an jenem Ort, dem sogenannten »Kaiseranger«, wollte das Kloster seine Verbundenheit mit den Wittelsbachern demonstrieren. Dieses Vorhaben ist im Kontext von Säkularisationsbestrebungen der bayerischen Herzöge im 18. Jahrhundert zu sehen. Man wollte die Verbundenheit mit Ludwig dem Bayern betonen, um der drohenden Säkularisierung zu entgehen. Es blieb jedoch zunächst beim Plan: 1803 wurde das Kloster aufgehoben.

Doch damit kam das Projekt nicht zum Erliegen, es wurde nun allerdings in einen gänzlich anderen Kontext gerückt und

Sache des wittelsbachischen Königshauses. Dessen Intention ist an den zwei Inschriften, einer lateinischen und einer deutschen, am Denkmal ablesbar. Die erste lautet: *Piis Manibus Divi Ludovici Bavari Romani Imperatoris Libertatis Germaniae Defensoris Legum Boicarum Conditoris Viri Fortis et Constantis Monumentum Posuit Maximilianus Rex Boiariae.* – zu Deutsch: »Den frommen Totengeistern des göttlichen Ludwigs des Bayern, des römischen Kaisers, des Verteidigers der deutschen Freiheit, des Begründers des bayerischen Rechts, des tapferen und standhaftes Mannes, hat ein Denkmal errichtet Maximilian, König von Bayern.«

Hier wird Ludwig als Bayer und Kaiser, aber auch als Verteidiger der deutschen Freiheit geehrt. Im Sinne der Bestrebungen des jungen bayerischen Nationalstaates, die Kirche unter staatliche Kontrolle zu bringen, werden seine Kämpfe gegen die päpstliche Approbation gewürdigt.

Nationaler und volksnäher präsentiert sich die deutsche Inschrift: »Hier starb in den Händen eines Bauern vom Tode überrascht den 11. Oktober 1347 Ludwig der Bayer römischer Kaiser.«[52] Ludwig soll einem breiteren Publikum, das kein Latein versteht, nahegebracht werden. Im Sinne dieser Volksnähe stirbt Ludwig hier in den Armen eines Bauern; der Beiname ›der Bayer‹ verweist auf ein nationales Verständnis, in dem alle, egal ob Kaiser oder Bauer, zunächst einmal Bayern sind. Das hat mit der ursprünglichen Konnotation des Beinamens und mit dem spätmittelalterlichen Herzogtum Bayern freilich nichts mehr zu tun.

Wie flexibel die Erinnerung an Ludwig eingesetzt werden konnte, zeigt sich am Beispiel der bayerisch-österreichischen Beziehungen Anfang des 19. Jahrhunderts. In den napoleonischen Kriegen stand Bayern bis zum Vertrag von Ried 1813 auf Seiten Frankreichs gegen Österreich. In dieser Zeit wurde an die militärischen Erfolge Ludwigs IV. über Friedrich den Schönen bei Gammelsdorf und Mühldorf erinnert, die man im Sinne eines bayerischen Patriotismus deutete. Als sich 1813 die politische Lage veränderte und Bayern nun gemeinsam mit Österreich gegen Napoleon kämpfte, änderte sich auch das

Geschichtsbild: Nun wurde die nationale Verbundenheit der Deutschen in den Vordergrund gerückt. In Theaterstücken wurde nicht mehr der Sieg über Friedrich den Schönen bei Mühldorf, sondern die Aussöhnung im Vertrag von München in den Mittelpunkt gestellt. Nicht mehr der Sieg des Bayern über den Österreicher, sondern das Doppelkönigtum zweier deutscher Vettern wurde zelebriert. Literarisches Vorbild für diese Deutung war die Ballade »Deutsche Treue« Friedrich Schillers aus dem Jahr 1795 (s. rechte Seite).

Die hier anklingenden Motive der Ballade »Die Bürgschaft« verweisen auf die schwierigen Verhandlungen zwischen Ludwig und den Habsburgern nach der Schlacht von Mühldorf. Friedrich konnte seine Versprechungen zunächst nicht gegen die Interessen seines Bruders Leopold durchsetzen und ergab sich erneut seinem wittelsbachischen Vetter. Auch die versöhnende Geste des gemeinsamen Liegens in einem Bett ist historisch und verweist darauf, dass im Mittelalter politische Vereinbarungen symbolträchtig kommuniziert wurden. Im Kontext der Geschichtsbilder des 19. Jahrhunderts ist hier entscheidend, was jeweils in den Vordergrund der Memoria gerückt wurde: Die politischen Ränke des 14. Jahrhunderts werden als Beleg einer typisch deutschen Treue gedeutet.

Als letztes Beispiel sei hier ein Blick auf das Denkmal von Gammelsdorf (s. Abb. S. 35) geworfen. Die Säule wurde am 9. November 1842, also am Jahrestag der Schlacht, feierlich enthüllt. Träger dieses Zweiges der Erinnerung an Ludwig den Bayern war vor allem das Bürgertum der Städte Landshut, Moosburg, Straubing und Ingolstadt. Anknüpfungspunkt war die militärische Hilfe dieser Städte für Ludwig in der Schlacht von Gammelsdorf. Die Erinnerung daran erlaubte es dem aufstrebenden Bürgertum des 19. Jahrhunderts, sich als Säule der neuen Monarchie zu präsentieren. Die Treue zum Hause Wittelsbach hatte in dieser Lesart den Anfang in der Hilfe für Ludwig IV. genommen und setzte sich nun in der Treue zum bayerischen König und zum Vaterland fort. In diesem Sinne lauten die vier Inschriften auf dem Sockel: »Denkmal der Schlacht bei Gammelsdorf am 9. November 1313. / Gewidmet den Bürgern

Deutsche Treue

Um den Scepter Germaniens stritt mit Ludwig dem Bayer
Friedrich aus Habsburgs Stamm, beyde gerufen zum
    Thron,
Jenen schützte Luxemburgs Macht, und die Mehrheit
    der Wähler,
Diesen der Kirche Gewalt und des Geschlechtes Ver-
    dienst.
Aber den Prinz Oesterreichs führt das neidische
    Kriegsglück
In die Fesseln des Feinds, der ihn im Kampf bezwingt.
Mit dem Throne erkauft er die Freyheit; sein Wort muß
    er geben,
Für den Sieger das Schwerdt gegen die Freunde zu
    ziehn;
Aber was er im Bande gelobt, kann er frey nicht
    erfüllen,
Siehe, da stellt er aufs neu willig den Banden sich dar.
Tief gerührt umhalßt ihn der Feind, sie wechseln von
    nun an
Wie der Freund mit dem Freund traulich die Becher des
    Mahls,
Arm in Arme schlummern auf Einem Lager die Fürsten,
Da noch blutiger Haß grimmig die Völker zerfleischt.
Gegen Friderichs Heer muß Ludwig ziehen. Zum
    Wächter
Bayerns läßt er den Feind, den er bestreitet zurück.
»Wahrlich! So ists! Es ist wirklich so. Man hat's mir
    geschrieben«
Rief der Pontifex aus, als er die Kunde vernahm.

(Schillers Werke, Nationalausgabe 1, S. 258)

von Landshut und Straubing, Ingolstadt und Moosburg. / Für die Opfer ihrer Treue gegen Fürst und Vaterland. / Errichtet nach fünfhundert Jahren von ihren dankbaren Nachkommen.«[53]

Die Geschichte Ludwigs des Bayern wurde im 19. Jahrhundert also zum Erinnerungsort für die wittelsbachische Monarchie und den historischen Anspruch Bayerns auf das Königtum, die antikurialen Bestrebungen der Säkularisation, die Feindschaft Bayerns mit Österreich, den Schulterschluss der deutschen Nation im Sinne der ›deutschen‹ Treue und schließlich ein bürgerliches Selbstverständnis bezüglich politischer Teilhabe und Nationalismus.

Die verschiedenen Erinnerungen an Ludwig IV. zeigen, dass Bezugnahmen auf die Vergangenheit von den jeweiligen Zeitumständen geprägt sind; den *einen* Ludwig gibt es in diesem Sinne nicht. Memoria sollte man weniger in den Kategorien ›richtig‹ und ›falsch‹ bewerten, sondern vielmehr nach ihrem Kontext fragen. So sagt es einiges über bayerische Erinnerung im 21. Jahrhundert aus, wenn eine Landesausstellung 2014 den Titel trägt: »Ludwig der Bayer. Wir sind Kaiser!«

Anhang

QUELLEN UND LITERATUR

Zu den **Quellen** vgl. die Anmerkungen auf S. 136. In der Regel werden die Quellen nach leicht zugänglichen deutschen Übersetzungen zitiert.

In etlichen Abhandlungen zu Ludwig lesen wir, dass eine allgemein akzeptierte Wertung dieses Herrschers in der **Forschung** noch nicht erreicht sei. Heinz Thomas, der Autor der bislang einzigen wissenschaftlichen Lebensbeschreibung aus dem Jahr 1993, merkt explizit an, keine »abschließende Biografie« (S. 11) liefern zu wollen. In etlichen Punkten ringt die Forschung nach wie vor um eine Bewertung, auch wenn es inzwischen eine Fülle von Spezialuntersuchungen zu verschiedenen Aspekten gibt.

Für diese biografische Skizze waren neben Heinz Thomas vor allem diverse Beiträge von Michael Menzel von großem Wert. In etlichen Fällen werden hier überkommene Auffassungen korrigiert und in neue Zusammenhänge eingeordnet. Dies führt zu einem Bild Ludwigs, das gleichzeitig nüchterner und offener für die innovativen Impulse des Wittelsbachers ist. Die 2014 erschienene Literatur konnte nur in wenigen Einzelfällen berücksichtigt werden. Aus Platzgründen können hier nicht alle Arbeiten aufgelistet werden, die dieser Studie zu Grunde liegen. Weitere Titel finden sich etwa in: Lydia Schmidt, Auswahlbibliographie (Ludwig der Bayer), in: Zeitschrift für Bayerische Landesgeschichte 60, 1997, 407–423.

Tobias Appl, Verwandtschaft – Nachbarschaft – Wirtschaft. Die Handlungsspielräume Ludwigs IV. auf seinem Weg zur Königswahl, in: Ludwig der Bayer. Wir sind Kaiser! Katalog zur Bayerischen Landesausstellung 2014 in Regensburg vom 16. Mai bis 2. Nov., hrsg. v. Peter Wolf u. a., Augsburg 2014 (Veröffentlichungen zur Bayerischen Geschichte und Kultur 63), S. 51–57.

Pierre Bourdieu, Die biographische Illusion, in: BIOS 1, 1990, 75–81.

Franz-Reiner Erkens, »Sol iusticie« und »regis regum vicarius«. Ludwig der Bayer als »Priester der Gerechtigkeit«, in: Zeitschrift für Bayerische Landesgeschichte 66, 2003, 795–818.

Pankraz Fried, Die Städtepolitik Ludwigs des Bayern, in: Zeitschrift für Bayerische Landesgeschichte 60, 1997, 105–114.

Frank Godthardt, Marsilius von Padua und der Romzug Ludwigs des Bayern. Politische Theorie und politisches Handeln. Göttingen 2011.

Joseph Gottschalk, Schlesische Piastinnen in Süddeutschland während des Mittelalters, in: Zeitschrift für Ostforschung 27, 1978, 275–293.

Ludwig Holzfurtner, Die Wittelsbacher. Staat und Dynastie in acht Jahrhunderten, Stuttgart 2005 (Kohlhammer/Urban-Taschenbücher 592).

Bernhard Lübbers: »Briga enim principum, que ex nulla causa sumpsit exordium …« Die Schlacht bei Gammelsdorf am 9. November 1313, in: Ludwig der Bayer (1314–1347). Reich und Herrschaft im Wandel,hrsg. v. Hubertus Seibert, Regensburg 2014 [im Druck].

Peter Moraw, Von offener Verfassung zu gestaltete Verdichtung. Das Reich im späten Mittelalter. Berlin 1985.

Hermann Nehlsen/Hans-Georg Hermann (Hrsg.), Kaiser Ludwig der Bayer. Konflikte, Weichenstellungen und Wahrnehmung seiner Herrschaft, Paderborn 2002 (Quellen und Forschungen aus dem Gebiet der Geschichte, 22).

Martin Kaufhold, Gladius spiritualis. Das päpstliche Interdikt über Deutschland in der Regierungszeit Ludwigs des Bayern (1324–1347). Heidelberg 1994.

Michael Menzel, Quellen zu Ludwig dem Bayern, in: Zeitschrift für Bayerische Landesgeschichte 60, 1997, 71–86.

Michael Menzel, Ludwig der Bayer. Der letzte Kampf zwischen Kaisertum und Papsttum, in: Die Herrscher Bayerns. 25 historische Portraits von Tassilo III. bis Ludwig III., hrsg. v. Alois Schmid/Katharina Weigand, 2. Aufl., München 2006, 134–148.

Michael Menzel, Imperiales Beben. Ludwig der Bayer, Italien und der Papst, in: Bayern und Italien. Kontinuität und Wandel ihrer traditionellen Bindungen, hrsg. v. Hans-Michael Körner/Florian Schuller, Lindenberg im Allgäu 2010, 72–87.

Michael Menzel, Weltstadt mit Geist? Marsilius von Padua, Michael von Cesena, Bonagratia von Bergamo und Wilhelm von Ockham in München, in: ebd., 88–102.

Michael Menzel, Die Zeit der Entwürfe. 1273–1347, Stuttgart 2012 (Gebhardt, Handbuch der deutschen Geschichte 7a).

Karl Borromäus Murr, Das Mittelalter in der Moderne. Die öffentliche Erinnerung an Kaiser Ludwig den Bayern im Königreich Bayern, München 2008 (Schriftenreihe zur bayerischen Landesgeschichte, 156).

Roland Pauler, Friedrich der Schöne als Garant der Herrschaft Ludwigs des Bayern in Deutschland, in: Zeitschrift für Bayerische Landesgeschichte 61, 1998, 645–662.

Waldemar Schlögl, Beiträge zur Jugendgeschichte Ludwigs des Bayern, in: Deutsches Archiv für Erforschung des Mittelalters 33, 1977, 182–199.

Alois Schmid, Die Hoftage Kaiser Ludwigs des Bayern, in: Deutscher Königshof, Hoftag und Reichstag im späteren Mittelalter, hrsg. v. Peter Moraw, Stuttgart 2002, 417–449.

Peter Schmid, Ludwig der Bayer. Herrscher im Widerstreit. Abensberg 1997.

Bernd Schneidmüller, Kaiser Ludwig IV. Imperiale Herrschaft und reichsfürstlicher Konses, in: Zeitschrift für Historische Forschung 40, 2013, 369–392.

Alois Schütz, Der Kampf Ludwigs des Bayern gegen Papst Johannes XXII. und die Rolle der Gelehrten am Münchner Hof, in: Wittelsbach und Bayern, hrsg. v. Hubert Glaser. München 1980, 388–397.

Robert Suckale, Die Hofkunst Kaiser Ludwigs des Bayern. München 1993.

Heinz Thomas, Ludwig der Bayer. (1282–1347): Kaiser und Ketzer. Regensburg 1993.

Stefan Weinfurter, Ludwig der Bayer und sein Koblenzer Programm von 1338, in: Nassauische Annalen 123, 2012, 55–79.

Walter Ziegler (Hrsg.), Ludwig der Bayer als bayerischer Landesherr. Probleme und Stand der Forschung. München 1997.

Dank

Für zahlreiche Anregungen und Korrekturen am Manuskript danke ich herzlich: Tobias Appl, Manfred Clauss, Regine Grienberger, Georg Heinzle, Bernhard Lübbers und Tobias Weller. Das Buch geht auf eine Anregung des Reihenherausgebers, Thomas Götz, zurück; ihm und der Lektorin Christiane Abspacher vom Verlag Friedrich Pustet danke ich für die gute Kooperation.

Anmerkungen

1 Constitutiones et acta publica imperatorum et regum, Band 6, Teil 2, Lieferung 3, hrsg. v. Wolfgang Eggert, Hannover 2003 (Monumenta Germaniae Historica, Leges) Nr. 380 und Nr. 381a.

2 Die Chronik des Mathias von Neuenburg, hrsg. v. Adolf Hofmeister, 2. Aufl., Berlin 1955 (Monumenta Germaniae Historica, Scriptores rerum Germanicarum, Nova Series 4), Kap. 37a, S. 95. Deutsche Übersetzung: Die Chronik des Mathias von Neuenburg, übers. v. Georg Grandaur, Leipzig 1884 (Geschichtsschreiber der deutschen Vorzeit 84), S. 63.

3 Die Fürstenfelder Chronik von den Taten der Fürsten (1273–1326), in: Geschichte Ludwigs des Bayern, Band 1: Bayerische Chroniken des 14. Jahrhunderts, nach der Übersetzung von Walter Friedensburg, hrsg. v. Christian Lohner, Essen/Stuttgart 1987, S. 115 und 133.

4 Vgl. Kaiser, Volk und Avignon. Ausgewählte Quellen zur antikurialen Bewegung in Deutschland in der ersten Hälfte des 14. Jahrhunderts, hrsg. v. Otto Berthold, Berlin 1960 (Leipziger Übersetzungen und Abhandlungen zum Mittelalter, Reihe A, Band 3), S. 371.

5 Die Chronik des Mathias von Neuenburg, übers. v. Georg Grandaur, Leipzig 1884 (Geschichtsschreiber der deutschen Vorzeit 84), S. 63.

6 Chronik von Ludwig IV., dem erlauchten Kaiser, in: Geschichte Ludwigs des Bayern, Band 1: Bayerische Chroniken des 14. Jahrhunderts, nach der Übersetzung von Walter Friedensburg, hrsg. v. Christian Lohner, Essen/Stuttgart 1987, S. 179.

7 Vgl. Waldemar Schlögl, Beiträge zur Jugendgeschichte Ludwigs des Bayern, in: Deutsches Archiv für Erforschung des Mittelalters 33, 1977, S. 182–199

8 Heinrich von Selbach, in: Kaiser, Volk und Avignon. Ausgewählte Quellen zur antikurialen Bewegung in Deutschland in der ersten Hälfte des 14. Jahrhunderts, hrsg. v. Otto Berthold, Berlin 1960 (Leipziger Übersetzungen und Abhandlungen zum Mittelalter, Reihe A, Band 3), S. 375.

9 Zitiert nach: Waldemar Schlögl, Beiträge zur Jugendgeschichte Ludwigs des Bayern, in: Deutsches Archiv für Erforschung des Mittelalters 33, 1977, S. 182–199, hier S. 195.

10 Vgl. Tobias Appl, Verwandtschaft – Nachbarschaft – Wirtschaft. Die Handlungsspielräume Ludwigs IV. auf seinem Weg zur Königswahl, in: Ludwig der Bayer. Wir sind Kaiser! Katalog zur Bayerischen Landesausstellung 2014 in Regensburg vom 16. Mai bis 2. Nov., hrsg. v. Peter Wolf u. a., Augsburg 2014 (Veröffentlichungen zur Bayerischen Geschichte und Kultur 63), S. 5–57.

11 Chronik von Ludwig IV., dem erlauchten Kaiser, in: Geschichte Ludwigs des Bayern, Band 1: Bayerische Chroniken des 14. Jahrhunderts, nach der Übersetzung von Walter Friedensburg, hrsg. v. Christian Lohner, Essen/Stuttgart 1987, S. 155.

12 Constitutiones et acta publica imperatorum et regum, Band 4, Teil 2, hrsg. v. Jakob Schwalm, Hannover/Leipzig 1909–1911 (Monumenta Germaniae Historica, Leges) Nr. 1232.

13 Die Fürstenfelder Chronik von den Taten der Fürsten (1273–1326), in: Geschichte Ludwigs des Bayern, Band 1: Bayerische Chroniken des 14. Jahrhunderts, nach der Übersetzung von Walter Friedensburg, hrsg. v. Christian Lohner, Essen/Stuttgart 1987, S. 111.

14 Ebd., S. 116.

15 Ebd., S. 134.

16 Die Chronik des Mathias von Neuenburg, übers. v. Georg Grandaur, Leipzig 1884 (Geschichtsschreiber der deutschen Vorzeit 84), S. 78.

17 Karl-Friedrich Krieger, Die Habsburger im Mittelalter. Von Rudolf I. bis Friedrich III. 2. Aufl., Stuttgart 2004 (Kohlhammer/Urban-Taschenbücher 452), S. 126.

18 Michael Menzel, Die Zeit der Entwürfe. 1273–1347, Stuttgart 2012 (Gebhardt, Handbuch der deutschen Geschichte 7a), S. 167.

19 Constitutiones et acta publica imperatorum et regum, Band 6, Teil 1, hrsg. v. Jakob Schwalm, Hannover/Leipzig 1914–1927 (Monumenta Germaniae Historica, Leges), Nr. 105.

20 Vgl. Alois Schmid, Die Hoftage Kaiser Ludwigs des Bayern, in: Deutscher Königshof, Hoftag und Reichstag im späteren Mittelalter, hrsg. v. Peter Moraw, Stuttgart 2002, S. 417–449.

21 Wahldekrete Ludwigs und Friedrichs, in: Deutsche Geschichte in Quellen und Darstellungen, Band 2: Spätmittelalter 1250–1495, hrsg. v. Jean-Marie Moeglin/Rainer A. Müller, Stuttgart 2000, S. 129–135, hier S. 131 und S. 135.

22 Chronik von den Herzögen von Bayern (1309–1371), in: Geschichte Ludwigs des Bayern, Band 1: Bayerische Chroniken des 14. Jahrhunderts, nach der Übersetzung von Walter Friedensburg, hrsg. v. Christian Lohner, Essen/Stuttgart 1987, S. 199.

23 Kaiser, Volk und Avignon. Ausgewählte Quellen zur antikurialen Bewegung in Deutschland in der ersten Hälfte des 14. Jahrhunderts, hrsg. v. Otto Berthold, Berlin 1960 (Leipziger Übersetzungen und Abhandlungen zum Mittelalter, Reihe A, Band 3), S. 45.

24 Ebd., S. 187.

25 Michael Menzel, Die Zeit der Entwürfe. 1273–1347, Stuttgart 2012 (Gebhardt, Handbuch der deutschen Geschichte 7a), S. 172.

26 Chronik des Giovanni Villani, in: Geschichte Ludwigs des Bayern, Band 2: Italienische Quellen des 14. Jahrhunderts, nach der Überset-

zung von Walter Friedensburg, hrsg. v. Christian Lohner, Essen/Stuttgart 1987, S. 117 und S. 116.

27 Vgl. Bernd Schneidmüller, Kaiser Ludwig IV. Imperiale Herrschaft und reichsfürstlicher Konsens, in: Zeitschrift für Historische Forschung 40, 2013, S. 369–392.

28 Michael Menzel, Ludwig der Bayer. Der letzte Kampf zwischen Kaisertum und Papsttum, in: Die Herrscher Bayerns. 25 historische Portraits von Tassilo III. bis Ludwig III., hrsg. v. Alois Schmid/Katharina Weigand, 2. Aufl., München 2006, S. 113.

29 Kaiser, Volk und Avignon. Ausgewählte Quellen zur antikurialen Bewegung in Deutschland in der ersten Hälfte des 14. Jahrhunderts, hrsg. v. Otto Berthold, Berlin 1960 (Leipziger Übersetzungen und Abhandlungen zum Mittelalter, Reihe A, Band 3), S. 235.

30 Ebd., S. 239.

31 Ebd., S. 249.

32 Zweite bairische Fortsetzung der Sächsischen Weltchronik, hrsg. v. Ludwig Weiland, in: Deutsche Chroniken, Band 2, Hannover 1877 (Monumenta Germaniae Historica, Scriptores) S. 339.

33 Kaiser, Volk und Avignon. Ausgewählte Quellen zur antikurialen Bewegung in Deutschland in der ersten Hälfte des 14. Jahrhunderts, hrsg. v. Otto Berthold, Berlin 1960 (Leipziger Übersetzungen und Abhandlungen zum Mittelalter, Reihe A, Band 3), S. 274.

34 Ebd., S. 277.

35 Franz-Reiner Erkens, »Sol iusticie« und »regis regum vicarius«. Ludwig der Bayer als »Priester der Gerechtigkeit«, in: Zeitschrift für bayerische Landesgeschichte 66, 2003, S. 795–818, hier S. 813 und S. 814.

36 Vgl. Michael Menzel, Weltstadt mit Geist? Marsilius von Padua, Michael von Cesena, Bonagratia von Bergamo und Wilhelm von Ockham in München, in: Bayern und Italien. Kontinuität und Wandel ihrer traditionellen Bindung, hrsg. v. Hans-Michael Körner/Florian Schuller, Lindenberg im Allgäu 2010, S. 88–102.

37 Heinz Thomas, Ludwig der Bayer (1282–1347). Kaiser und Ketzer, Regensburg 1993, S. 232.

38 Die Chronik Johann's von Winterthur, übers. v. Bernhard Freuler, Winterthur 1866, S. 178.

39 Ludwig Holzfurtner, Die Wittelsbacher. Staat und Dynastie in acht Jahrhunderten, Stuttgart 2005 (Kohlhammer/Urban-Taschenbücher 592), S. 77.

40 Die Chronik Johann's von Winterthur, übers. v. Bernhard Freuler, Winterthur 1866, S. 223.

41 Vgl. Die Chronik des Mathias von Neuenburg, übers. v. Georg Grandaur, Leipzig 1884 (Geschichtsschreiber der deutschen Vorzeit 84), S. 122.

42 Vgl. Heinz Thomas, Clemens VI. und Ludwig der Bayer, in: Kaiser Ludwig der Bayer. Konflikte, Weichenstellungen und Wahrnehmungen seiner Herrschaft, hrsg v. Hermann Nehlsen/Hans-Georg Hermann, Paderborn 2002 (Quellen und Forschungen aus dem Gebiet der Geschichte, Neue Folge 22), S. 75–118.

43 Die Chronik des Mathias von Neuenburg, übers. v. Georg Grandaur, Leipzig 1884 (Geschichtsschreiber der deutschen Vorzeit 84), S. 124.

44 Die Chronik Johann's von Winterthur, übers. v. Bernhard Freuler, Winterthur 1866, S. 316.

45 Zitiert nach Michael Menzel, Ludwig der Bayer. Der letzte Kampf zwischen Kaisertum und Papsttum, in: Die Herrscher Bayerns: 25 historische Portraits von Tassilo III. bis Ludwig III., hrsg. v. Alois Schmid/Katharina Weigand, 2. Aufl., München 2006, S. 134-148, hier S. 117.

46 Karl IV. Selbstbiographie, übers. v. Ludwig Oelsner, Hanau 1979, S. 131.

47 Michael Menzel, Die Zeit der Entwürfe. 1273–1347, Stuttgart 2012 (Gebhardt, Handbuch der deutschen Geschichte 7a), S. 190.

48 Vgl. Ernst Schubert, Kurfürsten und Wahlkönigtum. Die Wahlen von 1308, 1314 und 1346 und der Kurverein von Rhens, in: Balduin von Luxemburg. Erzbischof von Trier, Kurfürst des Reiches. 1285–1354, hrsg. v. Franz-Josef Heyen/Johannes Mötsch, Mainz 1985, S. 103–117, hier S. 114.

49 Vgl. Heinz Thomas, Ludwig der Bayer (1282–1347). Kaiser und Ketzer, Regensburg 1993, S. 9.

50 Zitiert nach Hyacinth Holland, Kaiser Ludwig der Bayer und sein Stift zu Ettal, München 1860, S. 8.

51 Königliche-Baierisches Regierungsblatt vom 01.01.1806, zitiert nach Karl Borromäus Murr, Das Mittelalter in der Moderne. Die öffentliche Erinnerung an Kaiser Ludwig den Bayern im Königreich Bayern, München 2008 (Schriftenreihe zur Bayerischen Landesgeschichte 156), S. 66.

52 Zitiert ebd., S. 81 und S. 83.

53 Zitiert ebd., S. 384, Anm. 675.

Bildnachweis

akg-images: 82, 102 unten, 111
akg-images / Alfons Rath: 79
Bayerisches Landesamt für Denkmalpflege, Foto: Karl Gröber: 115
Bayerische Staatsbibliothek, München: 31, 94
Diözesanmuseum Regensburg (Inv.-Nr. D 1974/89): 100
Erzbischöfliches Ordinariat München, Hauptabteilung Kunst,
    Foto: Wolf-Christian von der Mülbe: 9
Landesamt für Kultur- und Denkmalpflege / Landesarchiv Greifswald
    (Inv.-Nr. Rep.2 Ducalia Nr. 73): 103 oben
Landeshauptarchiv Koblenz: 103 unten
Haus der Bayerischen Geschichte: 22/23, 98/99
http://commons.wikimedia.org: 35, 123, 128 (Cholo Aleman)
Nach Putzger Historischer Weltatlas, Berlin / Bielefeld 1961, S. 54,
    Karte 1: 29
Österreichische Nationalbibliothek, Wien: 55 (Inv.-Nr. NB 10.993-B
    [Cod. 412, fol. 26v]), 84 (Inv.-Nr. E 31.008-C [Cod. 2786, fol 1v])
Stadtarchiv Dortmund: 102 oben
ullstein bild – Lombard: 81
ullstein bild – The Granger Collection: 71

Umschlagmotive: *vorne*: Detail der Grabplatte für das Grab Ludwigs IV.,
von Herzog Albrecht IV. für die 1470 neu erbaute Münchener Frauenkirche in Auftrag gegeben (Aufnahme: Erzbischöfliches Ordinariat
München); *hinten*: Vorderseite der Goldbulle Ludwigs IV. (Aufnahme:
Interfoto / Bildarchiv Hausmann)

kleine bayerische biografien

... machen Vergangenheit lebendig – sie zu lesen ist nicht nur lehrreich, sondern vergnügsam. Die Reihe beleuchtet bekannte bayerische Persönlichkeiten neu und entdeckt unbekannte (wieder). Erfahren Sie mehr über Bayerns einzigartige Vielfalt und die Menschen, die es prägte und von denen es geprägt wurde.

Aus der Reihe:

Karl Borromäus Murr
LUDWIG I.
Königtum der Widersprüche

Der Autor misst die politischen Ideale an der realpolitischen Leistung Ludwigs I. – fundiert und spannend!

„Eine überaus gelungene Ludwigsvita."
SÜDDEUTSCHE ZEITUNG
192 S., 24 z. T. farb. Abb., kart.
ISBN 978-3-7917-2416-4

Marcus Spangenberg
LUDWIG II.
Der andere König

Die Biografie berücksichtigt den neuesten Forschungsstand und bietet überraschende Einblicke – unbedingt lesenswert.

„Ein zitatenreiches und unterhaltsames Porträt." FRANKFURTER ALLGEMEINE ZEITUNG
2. Auflage, 176 S., 22 z. T. farb. Abb., kart.
ISBN 978-3-7917-2308-2

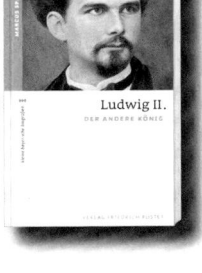

VERLAG FRIEDRICH PUSTET

Verlag Friedrich Pustet
Unser komplettes Programm unter:
www.verlag-pustet.de

Tel. 0941 / 92022-0
Fax 0941 / 92022-330
bestellung@pustet.de

Gerald Huber

DIE REICHEN HERZÖGE VON BAYERN-LANDSHUT

Bayerns goldenes Jahrhundert

Gerald Huber lässt die glanzvolle Zeit des niederbayerischen 15. Jahrhunderts auferstehen.

„… *Lesevergnügen und Fundgrube zugleich.*" DONAUKURIER

160 S., 24 Abb., kart., ISBN 978-3-7917-2483-6

Friedegund Freitag

LEO VON KLENZE

Der königliche Architekt

Klenze war einer der bedeutendsten Vertreter des Klassizismus in Deutschland. Im Fokus dieser Biografie steht u. a. die enge Zusammenarbeit mit Ludwig I.

„*Informative Einführung in Leben und Werk.*" BAYERN IM BUCH

144 S., 23 Abb., kart., ISBN 978-3-7917-2522-2
auch als eBook

Marcus Junkelmann

TILLY

Der Katholische Feldherr

Stets kämpfte er für die katholische Sache und für seinen Dienstherren, Kurfürst Maximilian von Bayern.

„*Es ist spannend nachzulesen, wie sich Tillys Bild in der bayerischen und deutschen Geschichtsschreibung entwickelte.*" MITTELBAYERISCHE ZEITUNG

120 S., 22 Abb., kart., ISBN 978-3-7917-2354-9

VERLAG FRIEDRICH PUSTET

Verlag Friedrich Pustet
Unser komplettes Programm unter:
www.verlag-pustet.de

Tel. 0941 / 92022-0
Fax 0941 / 92022-330
bestellung@pustet.de

Bibliografische Information der Deutschen Nationalbibliothek
Die Deutsche Nationalbibliothek verzeichnet diese Publikation
in der Deutschen Nationalbibliografie; detaillierte bibliografische
Angaben sind im Internet über http://dnb.d-nb.de abrufbar.

ISBN 978-3-7917-2560-4
© 2014 by Verlag Friedrich Pustet, Regensburg
Umschlaggestaltung: Martin Veicht, Regensburg
Satz: Vollnhals Fotosatz, Neustadt a. d. Donau
Druck und Bindung: Friedrich Pustet, Regensburg
Printed in Germany 2014

Diese Publikation ist auch als eBook erhältlich:
eISBN 978-3-7917-6013-1 (epub)

Weitere Publikationen aus unserem Programm
finden Sie auf www.verlag-pustet.de
Kontakt und Bestellungen unter verlag@pustet.de